综合交通运输大数据专项交通强国建设试点工作系列成果

综合交通运输数据安全报告

（2022年）

交通运输部科学研究院
深信服科技股份有限公司　编著

人民交通出版社股份有限公司
北京

内 容 提 要

本书在梳理国内外数字经济形势、数据安全趋势，以及相关法律法规与标准规范的基础上，总结了国内交通运输行业数据安全的主要痛点与问题，重点深入阐述了适用于交通运输行业的数据安全治理框架、实施路径、落地关键任务和实践，以便形成共识，推动行业数据安全工作落地。

本书使用对象为交通运输主管部门、交通运输企事业单位等。

图书在版编目(CIP)数据

综合交通运输数据安全报告. 2022年／交通运输部科学研究院，深信服科技股份有限公司编著. — 北京：人民交通出版社股份有限公司，2023.5
ISBN 978-7-114-18723-0

Ⅰ.①综… Ⅱ.①交… ②深… Ⅲ.①综合运输—交通运输系统—数据处理—安全技术—研究报告—中国—2022 Ⅳ.①F512.4

中国国家版本馆 CIP 数据核字(2023)第 059485 号

Zonghe Jiaotong Yunshu Shuju Anquan Baogao(2022 Nian)
书　名：	综合交通运输数据安全报告(2022年)
著 作 者：	交通运输部科学研究院 深信服科技股份有限公司
责任编辑：	潘艳霞　周　宇
责任校对：	孙国靖　刘　璇
责任印制：	张　凯
出版发行：	人民交通出版社股份有限公司
地　　址：	(100011)北京市朝阳区安定门外外馆斜街3号
网　　址：	http://www.ccpcl.com.cn
销售电话：	(010)59757973
总 经 销：	人民交通出版社股份有限公司发行部
经　　销：	各地新华书店
印　　刷：	北京虎彩文化传播有限公司
开　　本：	787×1092　1/16
印　　张：	7
字　　数：	66千
版　　次：	2023年5月　第1版
印　　次：	2023年5月　第1次印刷
书　　号：	ISBN 978-7-114-18723-0
定　　价：	60.00元

(有印刷、装订质量问题的图书，由本公司负责调换)

编 制 单 位

主编单位　交通运输部科学研究院
　　　　　　深信服科技股份有限公司

参编单位　贵州省交通运输厅
　　　　　　山东省交通运输厅
　　　　　　青岛市交通运输局
　　　　　　河南省交通运输厅
　　　　　　天津市交通运输委员会
　　　　　　中国铁道科学研究院集团有限公司
　　　　　　新疆交投科技有限责任公司
　　　　　　广西壮族自治区大数据发展局
　　　　　　中国民用航空局信息中心
　　　　　　国家邮政局邮政业安全中心
　　　　　　中国城市轨道交通协会
　　　　　　河北高速公路集团有限公司
　　　　　　重庆高速公路集团有限公司
　　　　　　吉林省高速公路集团有限公司
　　　　　　广东联合电子服务股份有限公司
　　　　　　西安公路研究院南京院
　　　　　　浙江高信技术股份有限公司

编 制 组

指导专家 周海涛　左晓栋　石宝林　方　海　康厚荣
　　　　　　李中浩　邢智明

主　　编 潘凤明

副 主 编 尚赞娣　黄亮晓

责任主编 曹剑东　魏　彬　黄海涛　宋博韬　王　涛
　　　　　　彭思远

编 委 会 鲁　杰　巩恩厚　张　洋　李　强　李　平
　　　　　　倪小刚　吴　川　邢　伟　许良锋　李春杰
　　　　　　刘　爽　王荣斌　孙　会　顾　伟　姬建岗
　　　　　　邵　勇　黄莉莉　郭明多　刘　娜　宋　蕊
　　　　　　白紫秀　李慧娟　郭亚茹　张　平　王　娜
　　　　　　罗维荣　包　亮　叶帅琦　马　涛　郭　涛

序言一

数字经济以不可阻挡之势破茧而出、强势崛起,成为推动交通运输行业转型发展的主要动力之一。然而,数字经济蓬勃发展的同时,数据风险挑战与日俱增。交通运输作为国民经济的基础性、先导性、战略性产业和重要的服务性行业,涉及经济社会发展方方面面,与人民生活息息相关。以铁路、公路、水路、民航、邮政、城市交通等多种运输方式为主的综合交通运输系统,无时无刻不在产生涉及基础设施、载运工具、公众出行、货物运输等海量且敏感的数据,一旦发生数据泄露、数据滥用等安全事件,不仅会造成巨大的经济损失,更会威胁到国家安全和公众安全。《综合交通运输数据安全报告(2022年)》(以下简称《报告》)披露了近年来国内外综合交通运输典型数据安全事件,令人触目惊心,也给大家敲响了警钟。

如何实现交通运输行业数据安全治理,是摆在行业面前的重要任务。在这个大背景下，本《报告》集思广益，从综合交通运输系统的角度，尝试提出一套具备完整性、可行性和可操作性的综合交通运输数据安全治理框架，以便形成共识去推动行业数据安全工作落地，这是一次长足进步。本《报告》初步解决了行业数据安全治理的思想理念与方法论"从无到有"的问题。既有对国内外交通运输行业数据安全形势、典型案例、政策文件的汇集陈述，也有对当前存在的数据安全风险问题、落地关键任务的思考分析，相信会对业内同行、管理部门和相关读者都有所裨益。

2022 年 12 月 28 日

序言二

2021年对于国家数据安全工作来说十分重要。《中华人民共和国数据安全法》和《中华人民共和国个人信息保护法》在2021年发布实施后，2022年迎来了落地年，落地的关键则在行业。《中华人民共和国数据安全法》第六条规定，工业、电信、交通、金融、自然资源、卫生健康、教育、科技等主管部门承担本行业、本领域数据安全监管职责。因此，重点行业主管部门的举措，一时万众瞩目。

几乎每个行业的数据安全工作，都面临着巨大挑战。一方面，国家数据安全监管制度尚不健全，顶层设计没有完成，网络数据安全管理条例仍在制定之中，可参照的上位依据太少；另一方面，每个行业的情况千差万别，解决难度大，甚至连问题都难以厘清。而交通运输行业则更为复杂，其本身又可以细分成很多行业，工作难度可能是某些行业的数倍。

根据国家数据安全有关工作安排，重要数据目录的编制任务已经在 2022 年启动。这实际上对各个行业形成倒逼之势，因为重要数据的识别最终要落到各个具体行业，有赖于各行业出台本行业、本领域的重要数据识别规范。而这仅仅是行业数据安全监管工作的第一步，除此之外还有大量制度需要去探索建立。

2022 年的情况，正可谓"沧海横流方显英雄本色"。各个行业主管部门面对的都是未知数，大家都在努力寻求突破，客观上形成了一种"竞争"——看谁能率先建立既有利于数据要素流通，又能够确保数据安全，科学、高效的数据安全保护体系和监管体系。在这方面，交通运输行业走在了前面，为全国树立起了标杆，本《报告》便是重要成果。

何以说交通运输行业数据安全工作是一种标杆？我想，本《报告》的内容很好地回答了这个问题：

一是，形成了一个复杂行业推进数据安全工作的方法。综合交通运输大数据专项交通强国建设试点本身是一项创举，对探索数据安全工作十分重要。正是坚持试点先行、广泛参与，试点才取得了可靠和可复制推广的阶段性成果，这些成果的理论和实践意义都很强。

二是，为一线工作提供了可操作性强的指导，建立了一批解决方案。如今数据安全是个热点话题，理论概念满天飞，但一线同志往往感到很迷惘，毕竟"上面千条线、下面一根针"。通过试点，本《报告》给出了针对本行业不同场景的多个解决方案，体现了务实、高效的工作作风。现在急缺的正是这些能落地的方案。

三是，推动了一批管理政策和规范性文件的出台。作为试点专家一员，我在过去一年参加了交通运输行业组织的多次政策研究论证会，见证了试点经验向政策文件转化的过程。实践出真知，这些政策文件的质量很高，也印证了试点工作所取得的成效。

2023 年 1 月 3 日

前言

党的二十大报告指出,推进国家安全体系和能力现代化,坚决维护国家安全和社会稳定;加快建设交通强国、网络强国、数字中国。数字交通是建设交通强国和数字经济发展的重要领域,是以数据为关键要素和核心驱动,促进物理和虚拟空间的交通运输活动不断融合、交互作用的现代交通运输体系。筑牢数据安全屏障,是新时期数字交通、数字经济健康发展的重要前提。交通数据的开发利用是一把双刃剑,当数据创造价值的同时,也面临数据被泄露、贩卖、滥用等风险。近两年来,国内网约车、航空公司、航运等数据泄露、滥用、贩卖等安全事件频发,数据安全风险危害数字交通发展的程度不断加深。

在上述形势下,交通运输主管部门在收集、存储、使用、加工、传输、提供、公开等数据处理活动过程中,面临哪些数据安全风险?如何在交通数据开发利用、价值实现与安全保护、履行合规义务之间恰当地平衡？是否存在一套具备完整性、可行性和可操作性的综合交通运输数据安全治理框架，能够指导交通运输主管部门的数据安全落地？本《报告》期望为解答上述问题贡献力量。

本《报告》共包括五章和一个附录。其中：

第 1 章：数据安全总体形势。 本章梳理、分析国内外的数字经济形势、数据安全趋势、国家与交通运输行业数据安全相关法律法规与标准规范等。

第 2 章：综合交通运输数据安全主要风险。 本章从多个维度，梳理交通运输行业数据安全主要痛点、问题。

第 3 章：综合交通运输数据安全治理框架及实施路径。 交通运输行业数据安全治理不能一蹴而就，本章梳理数据安全治理思路、提出治理理念，形成组织战略、数据探查、安全评估、安全保障、数据管控和持续改善等六个过程的综合交通运输数据安全治理框架。

第 4 章：综合交通运输数据安全落地关键任务。 本章结合交通运输行业当下数据安全主要风险和治理框架，提出制定数据安全制度规范、开展数据资产探查、组织数据安全评估、完善数据管控措施、做好人才队伍建设等关键任务建议。

第 5 章：行业数据安全典型实践。本章简要分析交通运输部、交通运输厅（局）、交通投资集团等交通运输行业实践，以及数字政府、金融行业等的典型实践。

附录：本附录枚举数据安全典型技术、对近似概念联系与区别尝试解读、简要分析近年来国内综合交通运输典型数据安全事件、整理汇编近年来国内数据安全政策文件等，供交通运输行业人员参考。

作者

2023 年 3 月

目录

第 1 章 数据安全总体形势   001

1.1 全球数据安全趋势 …………………… 002

1.2 国家数据安全战略 …………………… 004

1.3 行业数据安全形势 …………………… 008

第 2 章 综合交通运输数据安全主要风险   013

2.1 多法并轨下制度规范有待健全 …………………… 014

2.2 海量的数据尚未全面动态掌握 …………………… 014

2.3 传统安全评估不适用数据安全 …………………… 015

2.4 已有措施不足以持续保障数据状态 …………………… 016

2.5 人才队伍缺乏已掣肘数据安全工作 …………………… 017

第 3 章 综合交通运输数据安全治理框架及实施路径   019

3.1 综合交通运输数据安全治理框架 …………………… 020

3.2 综合交通运输数据安全治理实施路径 …………………… 044

第 4 章　综合交通运输数据安全落地关键任务　　049

4.1　制定数据安全制度规范 …………………………………… 050
4.2　开展数据资产探查 …………………………………………… 053
4.3　组织数据安全评估 …………………………………………… 054
4.4　完善数据管控措施 …………………………………………… 055
4.5　做好人才队伍建设 …………………………………………… 057

第 5 章　行业数据安全典型实践　　059

5.1　交通运输部典型实践 ………………………………………… 060
5.2　交通运输厅（局）典型实践 ………………………………… 062
5.3　交通投资集团典型实践 ……………………………………… 064
5.4　数字政府典型实践 …………………………………………… 071
5.5　金融行业典型实践 …………………………………………… 079

附录　　083

附录 A　数据安全典型技术 ……………………………………… 084
附录 B　近似概念联系与区别 …………………………………… 085
附录 C　近年来国内综合交通运输典型数据安全事件 ……… 089
附录 D　近年来国内数据安全政策文件汇编 ………………… 092

第1章
Chapter 1

数据安全总体形势

1.1 全球数据安全趋势

新一代信息技术与经济社会的交汇融合引发了数据迅猛增长，数据已成为国家基础性战略资源，大数据正日益对全球生产、流通、分配、消费活动以及经济运行机制、社会生活方式和国家治理能力产生重要影响。据全球知名数据提供商 Statista 数据统计分析，2020 年全球新产生数据量约为 47ZB，到 2035 年，这一数字预计将达到 2142ZB，如图 1-1 所示。

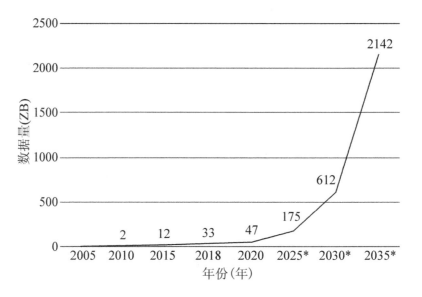

图 1-1　全球每年新产生数据量及预测

注：标注 * 的数据为预测数据。

对数据要素掌控和利用能力，已成为衡量国家核心竞争力的核心要素。全球范围内，美国、欧盟、英国、日本、新加坡、澳大利亚等发达国家和地区已经先后经历了"单机应用为特征的数字化"和"以互联网应用为特征的网络化"的信息化发展阶段，通过围绕某一具体领域"分散"开展信息化建设，解决了信息化"从无到有"的问题。目前，发达国家正在逐步进入到"以数据的深度挖掘和融合应用为特征的智能化"信息化发展阶段，解决信息化"从有到更好"的问题，运用数据推动数字经济发展。

近年来，数据泄露、数据滥用、数据贩卖等数据安全事件频发，数据安全风险危害数字经济发展的程度不断加深。据国际商用机器公司安全公司（IBM Security）发布的《2021年数据泄露成本报告》显示，2021年全球数据泄露的平均总成本达到了424万美元，且近年来基本呈现持续递增的态势，如图1-2所示。

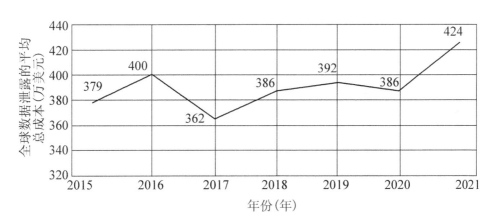

图1-2 2015—2021年全球数据泄露的平均总成本

国际数据公司全球数据圈（IDC Global Datasphere）发现，一半以上（50.40%）的数据需要一定程度的保护；近四分之一（24.20%）的数据被认为是私人的或通常不向公众提供的数据，安全级别很高、但却缺乏保护，如图1-3所示。

图 1-3　全球待保护数据比例

1.2　国家数据安全战略

1.2.1　数据安全是数字经济健康发展的前提条件

从战略部署看,中央先后出台《网络强国战略实施纲要》《数字经济发展战略纲要》等,从国家层面部署推动数字经济发展。2020年3月30日,《中共中央　国务院关于构建更加完善的要素市场化配置体制机制的意见》正式发布,首次从国家层面明确将数据作为继土地、劳动力、资本和技术之后的第五大生产要素;提出要加快培育数据要素市场。推进政府数据开放共享、提升社会数据资源价值、加强数据资源整合和安全保护。2022年6月22日,中央全面深化改革委员会第二十六次会议审议通过《中共中央　国务院关于构建数据基础制度更好发挥数据要素作用的意见》❶，会议指出，"数据作为新型生产要素，是数字化、网络化、智能化的基础，已快速融入生产、分配、流通、消费和社会服务管理等各个环节，深刻改变着生产方式、生活方式和社会治理方式"；同时，要"把安全贯穿数据治理全过程"。

从信息技术本质来看，数据是一切信息化、智能化和实现智慧应用的基本要素，而数字又是构成数据的基本元素。数字经济是以数据资源为关键要素、以现代信息网络为主要载体、以信息通信技术融合应用和全要素数字化转型为重要推动力、以数字赋能为显著特征的新经济形态，是信息技术创新的扩散效应、数据和知识的溢出效应、数字技术释放的普惠效应日益凸显、交互作用的综合结果。

1.2.2 法治手段是维护数字经济安全的制度保障

筑牢数据安全屏障，是数字经济健康发展的前提条件。安全是发展的保障和条件，发展是安全的基础和目的。"从世界范围看，网络安全威胁和风险日益突出，并日益向政治、经济、文化、社会、生态、国防等领域传导渗透"❷。数字经济安全与网络安全、数据安全息息相关，涉及国家安全和社会稳定，是无法回避的新的综合性挑战。

---

❶ 《中共中央 国务院关于构建数据基础制度更好发挥数据要素作用的意见》，人民日报，2022年12月20日。
❷ 《引领网信事业发展的思想指南——习近平总书记关于网络安全和信息化工作重要论述综述》，人民日报，2018年11月06日。

为促进以数据为关键要素的数字经济发展，国家先后制定和发布了包括《中华人民共和国网络安全法》《中华人民共和国数据安全法》《中华人民共和国个人信息保护法》等一系列数据安全相关法律法规和政策文件。2016年11月，《中华人民共和国网络安全法》发布，正式从法律层面强调了对于网络数据安全的保护要求。2021年6月，《中华人民共和国数据安全法》发布，明确提出了国家建立健全数据安全治理体系，提高数据安全保障能力，统筹数据安全与发展，对数据安全制度、数据处理者义务等做出了明确规定。2021年8月，《中华人民共和国个人信息保护法》发布，对于个人信息保护的原则、个人信息主体的权利、个人信息处理者义务等明确了要求。此外，《中华人民共和国刑法》《中华人民共和国民法典》《中华人民共和国国家安全法》《中华人民共和国消费者权益保护法》等法律基于特定关注领域对数据安全和个人信息保护做出了具体规定，共同构成了我国数据安全的基础法律体系。

在配套法规和部门规章方面，国家陆续进行意见征集或正式颁布实施包括《儿童个人信息网络保护规定》《App违法违规收集使用个人信息行为认定方法》《网络安全审查办法》《关键信息基础设施安全保护条例》《数据出境安全评估办法》《网络数据安全管理条例（征求意见稿）》等，涉及个人信息保护、网络安全审查、关键信息基础设施安全保护、网络数据安全管理等关键领域，提出了具体的行政管理要求，进一步完善了国家层面数据安全制度体系的建设。

中华人民共和国数据安全法律法规制度体系（部分摘选）如图1-4所示。

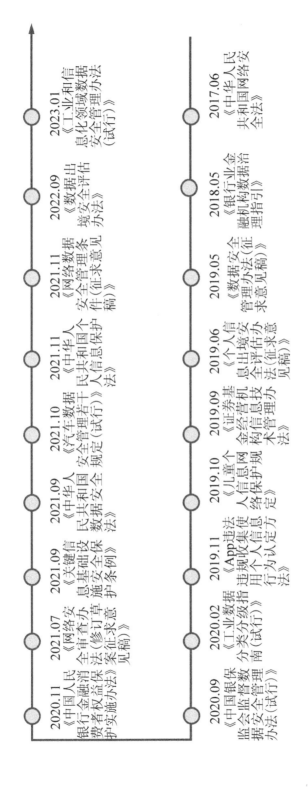

图1-4 中华人民共和国数据安全法律法规制度体系（部分摘选）

在国家标准与规范方面，全国信息安全标准化技术委员会（SAC/TC 260）当前已发布或研究制定多项数据安全国家标准，包括《信息安全技术　大数据服务安全能力要求》（GB/T 35274—2017）《信息安全技术　数据安全能力成熟度模型》（GB/T 37988—2019）《信息安全技术　大数据安全管理指南》（GB/T 37973—2019）《信息安全技术　个人信息安全规范》（GB/T 35273—2020）《信息安全技术　个人信息安全影响评估指南》（GB/T 39335—2020）等数据安全和个人信息保护领域的关键标准。同时，《信息安全技术　重要数据识别指南》《信息安全技术　数据出境安全评估指南》等标准课题正处于研究和制定过程中。

1.3 行业数据安全形势

1.3.1 筑牢数据安全屏障是数字交通应有之义

交通运输作为国民经济和社会发展的基础性、先导性、战略性产业和服务性行业，在国家数字经济战略布局中发挥着重要作用。《交通强国建设纲要》"五、科技创新富有活力、智慧引领"任务中明确：推动大数据、互联网、人工智能、区块链、超级计算等新技术与交通运输行业深度融合；推进数据资源赋能交通发展，构建综合交通大数据中心体系。交通运输部《数字交通发展规划纲要》提出：数字交通是数字经济发展的重要领域，是以数据为关键要素和核心驱动，促进物理和虚拟空间的交通运输活动不断融合、交互作用的现代交通运输体系。交通运输部《数字交通"十四五"发展规划》更是将"数据"贯彻全文，通篇提到46次之多。

交通运输部及部分省份数字交通相关政策规划（部分摘选）分别见表1-1和表1-2。

交通运输部数字交通相关政策规划（部分摘选） 表1-1

年份	文件名称	数据安全相关任务
2011.04	《公路水路交通运输信息化"十二五"发展规划》（交规发〔2011〕192号）	构筑行业信息安全保障体系
2016.04	《交通运输信息化"十三五"发展规划》（交规发〔2016〕74号）	健全网络与信息安全保障体系
2016.08	《交通运输部办公厅关于推进交通运输行业数据资源开放共享的实施意见》（交办科技〔2016〕113号）	加强数据安全
2017.01	《推进智慧交通发展行动计划(2017—2020年)》（交办规划〔2017〕11号）	强化数据资源共享开放和标准规范建设（加强网络与信息安全保障）
2019.07	《数字交通发展规划纲要》（交规划发〔2019〕89号）	健全网络和数据安全体系
2019.12	《推进综合交通运输大数据发展行动纲要（2020—2025年）》（交科技发〔2019〕161号）	加强大数据安全保障
2021.10	《数字交通"十四五"发展规划》（交规划发〔2021〕102号）	加强重要数据和个人信息保护

部分省份数字交通相关政策规划（部分摘选）　　表1-2

文件名称	规划总体架构	数据安全相关任务
《贵州省"十四五"数字交通发展规划》	一脑两新三体系	（六）着力构建数字交通产业新业态：保障数据安全，加强个人数据信息保护
《山东省数字交通"十四五"发展规划》	数字交通"1+2+3+N"框架	（七）构建网络安全综合防范体系：1. 完善网络安全管理机制。2. 提升基础设施安全防护水平。3. 加强重要数据和个人信息保护。4. 推动安全可信服务和产品应用
《河南省交通运输信息化建设行动计划（2021—2023年）》	"一中心、四平台"框架	任务21：持续推进网络安全建设：1. 加强网络安全建设
《广东省数字交通"十四五"发展规划》	"1168"一体化数字平台框架	（八）筑牢数据应用安全新防线，形成数据安全保障体系：1. 建立数据安全管理能力、技术能力、运行能力、协同能力四重基础防护能力体系
《浙江省数字交通建设方案（2020—2025年）（试行）》	建设"1820"工程	（八）加强数字交通网络安全建设：1. 建设严密可靠的安全保障体系，确保系统安全、设施安全、应用安全、数据安全、产业安全
《吉林省交通运输（公路水路）信息化"十四五"发展规划》	一平台、四提升、三体系	（六）构建交通运输网络通信安全体系：1. 提升基础设施安全防护水平。2. 加强关键信息基础设施保护。3. 加强数据安全与协同治理
《江苏省"十四五"智慧交通发展规划》	1个底座、3个核心、1项赋能、1批产业集群	（一）夯实交通信息化基础支撑平台底座：4. 加强网络安全建设。落实网络安全等级保护制度（含数据安全）

续上表

文件名称	规划总体架构	数据安全相关任务
《云南省数字交通"十四五"发展规划》	一平台、一中心、六网、两体系	（十）巩固新型网络安全防护体系：1. 建设行业网络信息安全管理平台。2. 完善网络信息安全管理体制机制（含数据安全）。3. 推进安全可信服务和产品应用
《江西省数字交通"十四五"发展规划》	"一中心、三平台"主体框架	（一）夯实交通大数据中心支撑基础，全面提升数据应用效能：3. 网络安全保障能力提升工程（含数据安全）
《安徽省智慧交通建设方案（2021—2023年）》	智慧交通"141"总体架构	信息基础设施建设专项行动：2. 强化网络信息安全综合监测（含数据安全）

1.3.2 数字交通的数据安全体制机制有序建立

为促进以数据为关键要素和核心驱动的数字交通发展，《交通运输部网络安全管理办法》将数据安全作为重点内容予以推进，要求"各单位应建立并落实覆盖数据全生命周期的安全保护制度，实行数据分类分级管理，强化重要数据和个人信息保护，不断完善数据安全保障措施"。2021年4月，交通运输部印发《交通运输政务数据共享管理办法》（交科技发〔2021〕33号），明确"政务部门建立健全政务数据安全保障机制，落实安全管理责任和数据分类分级要求，加强本部门政务数据提供渠道和使用环境的安全防护，切实保障政务数据采集、存储、传输、共享和使用安全"。

在规范指南方面，2017年8月，交通运输部办公厅印发《交通运输政务信息资源目录编制指南（试行）》（交办科技〔2017〕123号），组织省市地方交通运输主管部门全面开展数据资源调查，按年度发布和更新《交通运输政务信息资源目录》，形成了行业数据资源"总账本"，成为开展综合交通运输数据资源交换共享、归集汇聚的基本依据；2022年9月，交通运输部印发《公路水路交通运输数据分类分级指南》（交科技函〔2022〕44号），按照业务数据谁处理、数据分类分级谁负责的原则，进一步指导数据处理者开展对公路水路交通运输数据情况的梳理和重要数据识别工作。

在管理机构方面，2016年，交通运输部印发《关于部署交通运输大数据应用中心相关工作的通知》（交科技函〔2016〕625号），委托交通运输部科学研究院承担部综合交通运输大数据应用中心工作任务，具体承担"综合交通运输大数据政策标准研究、数据资源目录编制和维护、部级数据资源交换共享和开放应用系统开发、管理、大数据技术研发及应用创新、大数据分析决策技术支持"等。同时，省市地方交通运输主管部门积极依托厅科技处、厅交通信息中心、交通运输公共服务中心等既有力量开展综合交通运输大数据相关工作，统筹本行政区交通运输信息化建设、归集汇聚行业信息资源、提供共享服务和应用、保障网络与数据安全等。部、省、市综合交通运输大数据工作执行主体的确立，为推动综合交通运输大数据发展、保障网络与数据安全提供了重要组织保障。

第2章
Chapter 2

综合交通运输数据安全主要风险

2.1 多法并轨下制度规范有待健全

在数据安全领域,以《中华人民共和国数据安全法》《中华人民共和国个人信息保护法》《中华人民共和国网络安全法》和《网络数据安全管理条例(征求意见稿)》为核心形成的"三法一条例",成为网络安全防护和数据安全治理的重要合规驱动力。在此前提下,交通运输主管部门需要积极响应相关法律法规及相应的标准规范,落实不同维度、不同侧重的各类监管合规要求。"上面千条线、下面一根针",如何建立本行业与各法律法规相适配、实现一致性的合规治理,是摆在交通运输主管部门面前的难题。在面向交通数据的收集、存储、使用、加工、传输、提供、公开等数据处理活动中,交通运输相关的数据安全管理制度、实施细则与标准规范制定尚不完善,缺乏数据安全行业管理的依据,急需相关制度与规范出台。

2.2 海量的数据尚未全面动态掌握

交通数据按照资产方式进行管理,通过目录摸清家底、建立"账本",覆盖了数据收集、存储、使用甚至销毁的全部环节,这与传统信息化对数据的松散管理明显不同。因此，洞悉交通数据种类、数量、分布、流转、权限、责任现状、摸清底数、明确权责等十分必要。由于交通业务和数据的体量较大、复杂度较高、一直在动态变化，使得交通运输主管部门对于数据分布情况以及数据资产情况没有一个全面的掌握，难以对其中的重要及敏感数据进行全局掌控和有效管理，难以制定针对性的、差异化的安全防护策略，从而导致无法对数据的访问和使用进行基于分类分级的访问控制，存在较大的数据安全风险。

2.3 传统安全评估不适用数据安全

《中华人民共和国数据安全法》《中华人民共和国个人信息保护法》《网络数据安全管理条例（征求意见稿）》等法律法规中都要求落地数据安全评估，及时发现数据安全风险，确保数据安全风险可控。综合交通运输数据来源的广泛性、业务领域的相对独立性以及应用主体的多样性，一方面，决定了交通数据、业务在客观上分布式存在重点路段、隧道、桥梁、互通枢纽、收费站、航段、船闸等基础设施重要节点，以及车辆、船舶等载运工具，其数据涵盖社会公众、行业运营企业、互联网企业等数据集合；另一方面，决定了交通数据具备流动性，会在不同的基础设施重要节点和载运工具间流动。传统的交通网络安全评估主要是面向网络环境下,将《交通运输行业网络安全等级保护基本要求》(JT/T 1417—2022)、《联网收费系统省域系统并网接入网络安全基本技术要求》等作为基准来设置评估项,展开相对静态、固化的风险评估,其评估工具、评估指标、风险报告等不适用于动态、流动的数据安全评估要求。

2.4 已有措施不足以持续保障数据状态

交通运输主管部门通常已经按照等保合规要求,在安全物理环境、安全区域边界、安全通信网络、安全计算环境、安全管理中心等方面建立了较为完备的网络安全防护技术措施,形成了网络环境下面向终端、主机、网络、应用等数据载体的安全防护能力,但数据环境下确保数据处于有效保护、合法利用的状态能力不足,缺乏持续保障数据本体的安全管控技术措施。一方面,收集、存储、使用、加工、传输等数据处理活动,面临众多安全风险,如数据收集时,面临数据源伪造、前置机数据泄露等风险;数据存储时,面临内部运维、外部开发人员窃取、破坏数据,以及外部攻击入侵窃取数据等风险;数据使用与加工时,面临外部开发人员数据异常访问行为、敏感数据越权访问等风险;数据传输时,面临传输数据监听泄密、中间过程攻击等风险。另一方面，数据在提供与公开时，存在数据提供方、数据共享交换服务方、数据使用方等多个主体参与，数据又在不同主体之间频繁流动，既可能存在数据 API 接口、数据文件等被申请方超范围滥用风险，也可能面临数据使用方对数据访问控制能力较弱风险。

2.5 人才队伍缺乏已掣肘数据安全工作

据 Splunk 发布的《2022 年全球网络安全态势报告》显示，2022 年全球网络安全态势仍处于高位运行状态，严重程度远超以往；同时，安全团队已然落后，全球 1200 多名安全领导受访者中，28% 受访者表示 "团队花太多时间处理紧急情况"，26% 受访者表示 "团队熟练安全人员过少"，26% 受访者表示 "团队疲于应对管理安全、安全检查"。据《中国统计年鉴（2021）》显示，2020 年末，交通运输、仓储和邮政业的从业人员为 812.2 万人；据智研咨询发布的《2022—2028 年中国交通运输产业发展动态及投资战略规划报告》显示，2020 年末，我国交通运输行业的科技人员为 13.7 万人。交通运输行业多数省份网络与数据安全专职人员极少，基本由科技人员兼职负责网络与数据安全。面临越来越复杂的网络与数据安全形势，威胁性在增加、复杂性在提升，已有科技人员的规模、掌握技能、知识储备满足安全保护要求变得越来越困难,网络与数据安全人才队伍的建设已掣肘数据安全能否真正落地、能否确保数据状态安全的重要一环。

第3章
Chapter 3

综合交通运输数据安全治理框架及实施路径

3.1 综合交通运输数据安全治理框架

数据安全视角伴随认知持续演变，牵引数据安全建设理念转变。数据安全的发展演变，从数据安全视角和数据安全建设理念来看，总体上历经萌芽阶段、发展阶段和优化阶段。萌芽阶段，重点保护承载数据的载体，基于网络攻防视角开展数据安全保护。实践证明网络安全不等于数据安全，但网络安全层面失陷通常难以保障数据安全。网络安全是数据安全的底座，已成为业界共识；发展阶段，重点保护数据本体，基于数据流转视角采用一刀切方式，开展数据安全保护。随着海量数据高度汇聚、数据流转日益频繁，难以平衡安全、效率与资源，落地效果受限；优化阶段，重点保护数据本体，基于数据流转视角采用精细化方式，开展数据安全保护。在合规框架下，以数据分类分级为核心的数据安全，有效平衡安全、效率与资源，优势明显。

《中华人民共和国数据安全法》第 4 条规定了数据安全工作基本原则，即维护数据安全，应当坚持总体国家安全观，建立健全数据安全治理体系，提高数据安全保障能力。在对数据安全理念剖析与理解的基础上，结合综合交通运输的业务特点、合规要求及行业实践，提出了综合交通运输数据安全治理框架，为综合交通运输相关组织开展数据安全治理工作提供参考。

综合交通运输数据安全治理最佳实践包括组织战略、数据探查、安全评估、安全保障、数据管控和持续改善等 6 个过程（图 3-1）。以数据为中心，融合技术、管理和运营，引入技术工具和专家服务，构建覆盖云、网、端的动态安全防护体系，保障数据安全、释放数据价值。

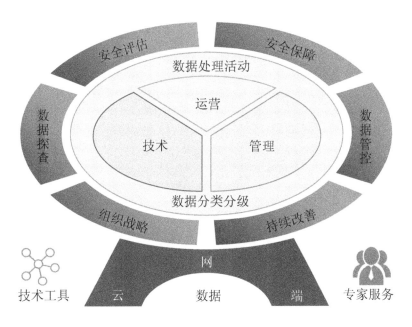

图 3-1　综合交通运输数据安全治理框架

3.1.1　组织战略

1）战略制定

综合交通运输数据安全治理并非简单的产品或平台堆叠，而是自上而下贯穿整个组织的完整链条。开展数据安全治理，需要识别组织数据安全治理的驱动力，定义数据安全愿景和目标，兼顾安全设计原则，制定组织的数据安全战略，确保采取合理和适当的措施，以最有效的方式保障数据安全。

识别组织数据安全治理的驱动力需要综合考虑组织的业务战略、数字化战略、合规要求、风险容忍度、组织流程、资源基础等因素（图3-2）。不同驱动力对应的建设理念、资源投入存在显著差异，通常情况下合规是综合交通运输数据安全治理的前提和基础。

图 3-2　战略制定

安全设计原则是组织开展数据安全战略制定的重要参考，涉及开放设计、完全仲裁、默认安全、最小权限、权限分离、最小公共化、经济适用、心理可承受。

2）组织构建

建立由专业人员组成的数据安全统一团队，是保证综合交通运输数据安全治理工作持续、稳定、有序开展的基础。构建数据安全治理组织时，需要考虑组织层面的实体团队和协作层面的虚拟团队，通常按照决策层、管理层、执行层、配合层和监督层的组织架构设计（图 3-3）。

图 3-3　数据安全组织架构图

（1）决策层

组织的数据安全决策团队，通常由组织的最高决策人、首席数据官及相关高层管理人员组成，对组织的数据安全顶层设计、发展规划、重大事件等进行部署、协调和决策。

（2）管理层

组织的数据安全管理团队，通常由组织的数据安全或信息安全部门人员组成，统筹组织数据安全治理工作落实，是组织开展数据安全治理工作的核心团队。

（3）执行层

组织的数据安全支撑团队，通常由组织的数据安全技术、运营部门人员组成，衔接、配合数据安全管理团队，全面落实组织数据安全治理工作，是组织开展数据安全治理工作的执行团队。

（4）配合层

组织的数据安全协作团队，通常由组织的内部员工、合作伙伴组成，既是数据安全治理工作的管控对象，也是数据安全治理工作的参与者。

（5）监督层

组织的数据安全审计团队，通常由组织的监督、审计部门专职人员组成，对组织数据安全治理工作开展情况进行审核与监督，并定期向决策层汇报。

隶属于决策层、管理层、执行层、配合层和监督层等不同团队的人员，需要具备相应专业能力，确保数据安全治理工作高效推进（图3-4）。

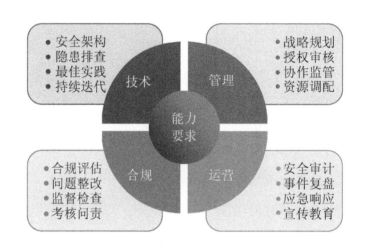

图3-4 数据安全人员能力图

3）数据安全合规库

在综合交通运输数字化转型过程中，数字化冲击无处不在，数字化重塑不可避免，加速释放数据价值的同时面临更多风险和责任，数据安全问题持续得到全球关注，众多国家已将数据安全纳入国家安全观。

国家立法工作有序推进,数据安全领域的基础性法律体系逐步完善。以《中华人民共和国网络安全法》《中华人民共和国个人信息保护法》《中华人民共和国数据安全法》和《网络数据安全管理条例(征求意见稿)》为核心的数据安全领域"3+1"基础性法律框架已形成,保证数据安全实践有法可依,将数据安全保护提升至国家层面的新高度。

伴随数据安全领域法律法规、合规政策的陆续颁布,数据安全事件带来的影响早已不再局限于经济损失、声誉损害,还可能面临巨额罚款和刑事责任,合规监管压力空前。

不同组织面临的合规要求差异化较大,建立定制化的数据安全合规库(图3-5),可以有效为数据安全保障工作提供合规指引。

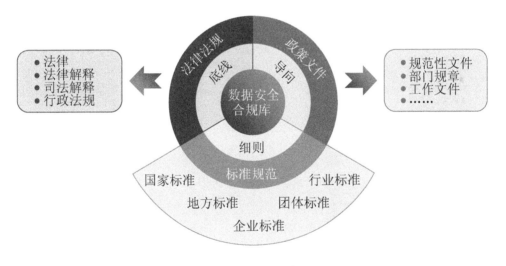

图 3-5　数据安全合规库

在合规视角下,法律法规是底线,政策文件是导向,标准规范是细则。在监管力度持续加强的背景下,数据安全合规库的指导意义日益凸显,是综合交通运输数据安全治理实践的重要参考依据。

3.1.2 数据探查

1）数据资产识别

任何领域的安全保障都需要明确保护对象，不能有效识别、了解保护对象，相应的安全保障就无从谈起，数据安全也不例外。综合交通运输数据资产识别（图3-6）的目的是发现、了解数据安全保护对象，洞悉数据种类、数量、分布、流转、权限、责任现状，摸清底数、明确权责。

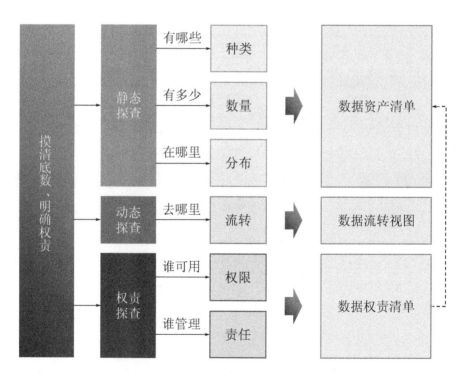

图3-6 综合交通运输数据资产识别

数据资产识别通常包括静态探查、动态探查和权责探查。

(1) 静态探查

明确种类（有哪些）、数量（有多少）、分布（在哪里），形成数据资产清单。

(2) 动态探查

明确流转（去哪里），形成数据流转视图。

(3) 权责探查

明确权限（谁可用）、责任（谁管理），形成数据权责清单。数据权责清单通常会合并入数据资产清单。

2) 数据分类分级

综合交通运输数据资产作为逻辑资产，体量通常远大于组织的物理资产，甚至不是同一个数量级。通过数据资产识别，梳理出海量的数据安全保护对象，直接保护难以平衡安全、效率与资源。综合交通运输数据分类分级（图3-7）的目的是明确数据安全保护重点，针对不同的数据安全保护对象，实现差异化保护。数据分类分级是《中华人民共和国数据安全法》的核心理念。建立数据分类分级标准，为数据的精细化管控和保护提供依据，促进安全资源的精准投放和优化配置。

实践层面，2017年起，交通运输部印发《交通运输政务数据共享管理办法》（交科技发〔2021〕33号）、《交通运输政务信息资源目录编指南（试行）》（交办科技〔2017〕123号）、《公路水路交通运输数据分类分级指南》（交科技函〔2022〕44号）等，确立了以统一的信息资源目录为索引的交通运输数据资源分类分级体系。

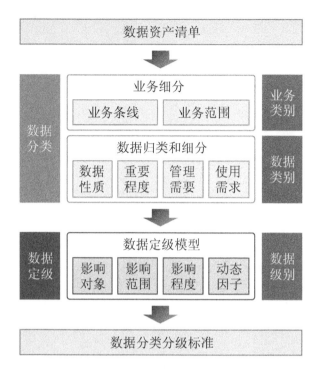

图 3-7　综合交通运输数据分类分级

（1）数据分类

2017 年交通运输部印发的《交通运输政务信息资源目录编制指南（试行）》（交办科技〔2017〕123 号），详细定义了交通运输政务信息资源的分类方式、元数据描述等内容。

在分类方式上，采用混合分类法，将交通运输政务信息资源分为行业分类、业务分类、信息类别分类、管理对象分类和主题分类五种分类。

在描述上，元数据包括必选项、可选项和扩展项等三部分。如必选项包括：信息资源分类、信息资源名称、信息资源代码、信息资源提供方（信息资源提供方、提供方内部部门、提供方联系方式）、信息资源提供方代码、来源系统、信息资源摘要、信息资源格式（信息资源格式分类、信息资源格式类型）、信息项信息（信息项名称、数据类型、数据长度）、共享属性（共享类型、共享条件、共享范围）、共享方式（共享方式分类、共享方式类型、共享服务方式）、开放属性（是否向社会开放）、更新周期、发布日期；可选项主要包括来源数据库、信息资源格式（其他类型资源格式描述）、信息项信息（数据精度、数据元编号）、开放属性（开放条件）、关联资源代码；扩展项指根据实际情况和需要添加的元数据项。

（2）数据定级

2022 年交通运输部印发的《公路水路交通运输数据分类分级指南》（交科技函〔2022〕44 号），详细定义了数据处理者开展对公路水路交通运输数据情况的梳理和重要数据识别工作的数据分级考虑要素，数据级别与危害对象、危害程度对应关系、数据分级对照表、衍生数据种类及示例、数据梳理识别情况表、重要数据识别情况汇总表等内容，见表 3-1。

交通运输重要数据参考（部分举例） 表 3-1

数据类别	交通运输重要数据参考（部分举例）
地理信息	包括但不限于： (1) 精度和比例尺优于开放标准的地图数据； (2) 分辨率和位置精度优于遥感影像开放使用要求的影像
重要基础设施结构属性信息	包括但不限于： 重要桥梁限高、限宽、载质量和坡度属性，重要隧道的高度和宽度属性，公路路面铺设材料属性，航道通航能力、水深、流速、底质属性，未公开港口的详细数据，渡口内部结构及属性

续上表

数据类别	交通运输重要数据参考（部分举例）
通信数据	包括但不限于： （1）应急通信数据，如应急通信系统规划、建设、运行相关信息等，应急通信事件分级信息和应急预案，重大活动行动方案、保障预案信息、应急通信装备物资储备、保障队伍部署等； （2）卫星通信信息：主要指使用卫星进行通信所涉及的相关信息，主要包括卫星地面站基建、卫星地面站灾备、卫星通信用户等信息； （3）无线电数据：涉及国家主权的无线电频率和台站信息（有开放标准、依照国际公约、国内法律法规规定的除外）
北斗卫星导航数据	北斗卫星导航信息，包括： （1）北斗导航系统建设运行数据，如灾备、服务能力等数据，导航定位基准站数据（观测数据站点信息和实时差分服务等）； （2）北斗导航系统服务生成的高精度位置数据，导航用户名录、属性、装备识别号（ID）及短信息服务内容等数据
危化品数据	包括但不限于： （1）危险化学品的存储设施相关信息，如仓库、堆场的位置、实时存储信息等； （2）剧毒化学品和易爆危险化学品的道路、水路实时运输轨迹信息等
网络安全数据	包括但不限于： （1）关键信息基础设施网络安全防护信息：网络安全方案、系统配置信息、核心软硬件设计信息、系统拓扑、应急预案等； （2）关键信息基础设施规划建设信息：整体规划设计、核心系统建设方案、主要网络拓扑结构图等数据； （3）关键信息基础设施运行维护数据：系统实时运行信息、实时状态监控信息、核心设备及基础软件版本号和配置信息、主要系统内网IP地址分配信息、网络及系统运行重要维护日志等

续上表

数据类别	交通运输重要数据参考（部分举例）
统计数据	在统计结果公布前，除涉密信息以外的超过两个省份的统计数据，包括但不限于： （1）经济运行数据； （2）行业发展数据； （3）行业运行数据，如规模以上重点行业企业数量、产值、销售收入、利润等基本情况，行业新在建项目数量、项目可行性报告、投资额、资金来源等情况，及重点产业产品进出口贸易情况等； （4）统计调查中的原始数据
涉外交通运输工程数据	涉外交通运输工程施工技术资料数据
视频数据	超过500个摄像头采集的视频数据
其他重要数据	（1）疫情管理相关数据：涉及突发公共卫生事件与传染病疫情监测过程中获得的疫病流行情况，包括相关统计数据、病例及密切接触者跟踪数据等； （2）不属于以上所列的其他可能对国家安全、经济发展以及公共利益产生重大影响的数据

3）数据资产登记

数据伴随业务持续流转、交叉演化，需要引入运营理念。综合交通运输建立数据资产登记机制，确保新增数据"增量清"，历史数据"底数清"，实现数据资产的动态管理，见图3-8。

实践层面，2017年起，交通运输部印发《交通运输信息资源交换共享与开放应用平台省级工程建设指南》（交办科技〔2017〕124号）、《交通运输部政务信息资源共享交换平台管理规程（试行）》（交办科技〔2019〕108号）等，确立了以统一的信息资源目录为索引的部省互联的共享开放平台为主骨架总体架构。

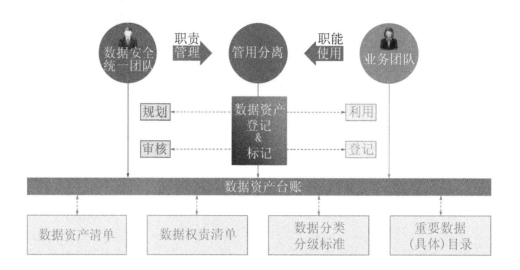

图 3-8　数据资产登记

部省互联的共享开放平台，踏出了交通运输数据资源资产登记第一步，其涵盖数据资源目录管理（编目、检索、发布、更新、维护等）、数据源管理（现有数据源、新增数据源的登记、管理等）、元数据管理（元数据获取、元数据发布、数据元自动匹配、元数据访问、元数据变更、版本管理、元数据全文检索等）、数据标准管理（提供信息实体、基础数据元、基础代码集、术语定义及其相关属性等）、信息资源跟踪（数据元的定位跟踪、流向等）等功能。

3.1.3　安全评估

数据作为生产要素，通过流转释放红利，在流转过程中交叉演化。综合交通运输业务间频繁的数据流转，形成难以分割的动态风险整体,增加数据安全保障的难度。

数据安全评估作为综合交通运输数据安全治理的重要抓手,面向数据收集、存储、使用、加工、传输、提供、公开、销毁等数据处理活动,通过关联、融合多源信息,在刻画、还原数据处理活动完整链路的基础上,快速发现数据处理活动存在的安全隐患和合规问题,指明数据安全治理实践重点方向,见图3-9。

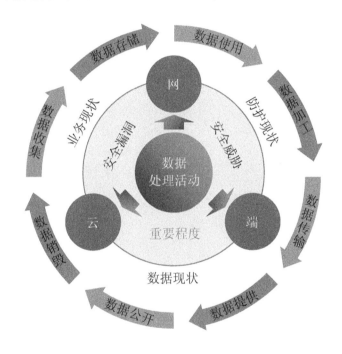

图3-9　数据安全评估

综合交通运输需要定期开展数据安全评估,形成数据安全评估报告。

数据安全评估相对于数据安全风险评估,拥有更多内涵。《网络数据安全管理条例(征求意见稿)》明确了年度数据安全评估报告的内容:

（1）处理重要数据的情况；

（2）发现的数据安全风险及处置措施；

（3）数据安全管理制度，数据备份、加密、访问控制等安全防护措施，以及管理制度实施情况和防护措施的有效性；

（4）落实中华人民共和国数据安全法律、行政法规和标准情况；

（5）发生的数据安全事件及其处置情况；

（6）共享、交易、委托处理、向境外提供重要数据的安全评估情况；

（7）数据安全相关的投诉及处理情况；

（8）国家网信部门和主管、监管部门明确的其他数据安全情况。

3.1.4 安全保障

1）数据安全制度

基于数据现状、数据处理活动存在的安全隐患和合规问题，从制度层面进行兜底。综合交通运输需要建立健全全流程数据安全制度（图3-10），落实数据安全保护责任，保障数据资产安全。

综合交通运输数据安全制度体系自顶向下、逐层细化，包括4个层级。

一级文件：方针、总纲；

二级文件：管理制度、管理办法；

三级文件：流程、规范、指引、模板等；

四级文件：计划、清单、表格、报告、记录、日志等。

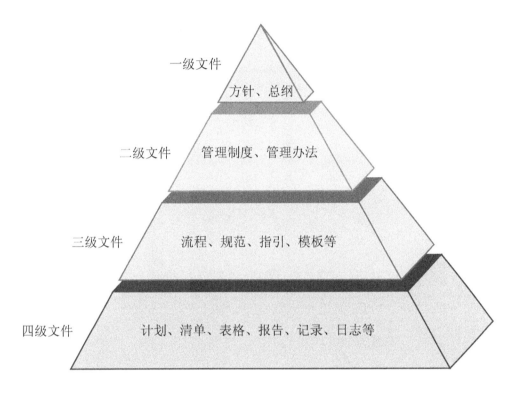

图 3-10　数据安全制度

2）数据安全策略

数据安全治理关注安全、效率与资源的平衡，并非一味强调能力构建，需要引导安全资源的精准投放和优化配置。基于业务现状、合规要求、风险容忍度、数据现状和防护现状，综合交通运输制定、优化数据安全策略，盘活现有资源，高效指导安全资源有效投入。数据安全策略见图3-11。

图 3-11　数据安全策略

3.1.5　数据管控

1）数据安全能力构建

当数据安全制度兜底、数据安全策略制定或优化不能有效解决数据处理活动存在的安全隐患和合规问题时，综合交通运输需要面向数据收集、存储、使用、加工、传输、提供、公开、销毁等数据处理活动，按需构建数据安全支撑能力，为数据安全保驾护航，见图 3-12。

组织基础情况、数据安全愿景和目标是综合交通运输构建数据安全支撑能力的重要参考。

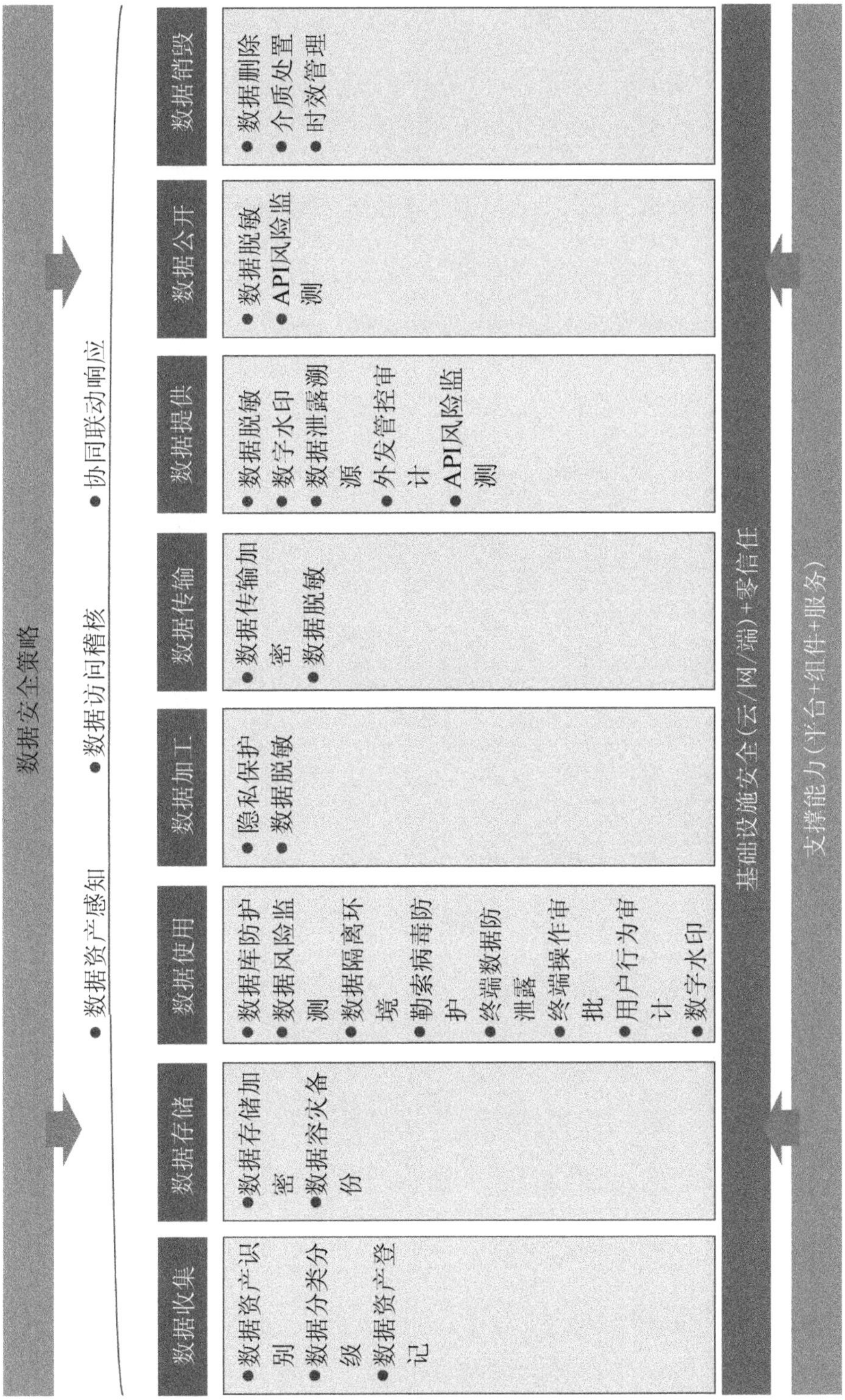

数据安全策略

- 数据资产感知
- 数据访问稽核
- 协同联动响应

数据收集	数据存储	数据使用	数据加工	数据传输	数据提供	数据公开	数据销毁
●数据资产识别 ●数据分类分级 ●数据资产登记	●数据存储加密 ●数据容灾备份	●数据库防护 ●数据风险监测 ●数据隔离环境 ●勒索病毒防护 ●终端数据防泄露 ●终端操作审批 ●用户行为审计 ●数字水印	●隐私保护 ●数据脱敏	●数据传输加密 ●数据脱敏	●数据脱敏 ●数字水印 ●数据泄露溯源 ●外发管控审计 ●API风险监测	●数据脱敏 ●API风险监测	●数据删除 ●介质处置 ●时效管理

基础设施安全（云/网/端）+零信任

支撑能力（平台+组件+服务）

图3-12 数据安全支撑能力构建

2）数据安全态势感知

数据安全治理应具备全局视角，强化全流程数据安全有效管控。综合交通运输需要构建以数据为中心的数据安全态势感知能力，深度关联数据、行为、场景、介质，从数据资产、数据访问两种视角出发，对异常状态、异常行为进行监测预警，及时全面发现数据安全隐患，快速有效协同联动响应，见图3-13。

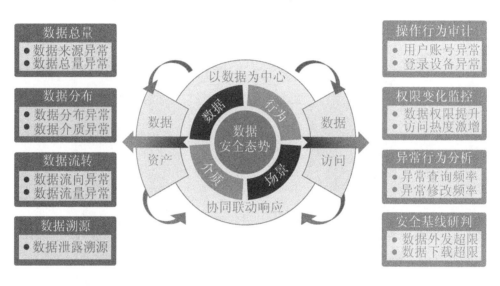

图3-13 数据安全态势感知

（1）数据资产视角

数据总量：数据来源异常、数据总量异常等。

数据分布：数据分布异常、数据介质异常等。

数据流转：数据流向异常、数据流量异常等。

数据溯源：数据泄露溯源。

（2）数据访问视角

操作行为审计：用户账号异常、登录设备异常等。

权限变化监控：数据权限提升、访问热度激增等。

异常行为分析：异常查询频率、异常修改频率等。

安全基线研判：数据外发超限、数据下载超限等。

3.1.6 持续改善

1）数据安全应急处置

综合交通运输建立数据安全应急处置机制，发生数据安全事件时，依法启动应急预案，采取相应的应急处置措施，协调资源消除安全隐患，防止危害扩大，根据有关规定发布警示信息，见图3-14。

2）数据安全教育培训

在综合交通运输数据安全治理的各个过程，同步开展数据安全教育培训（图3-15），营造数据安全氛围，助力数据安全保障工作落地。

数据安全教育培训面向组织架构中决策层、管理层、执行层、配合层和监督层等不同团队，从安全意识、安全技能两个方面进行差异化的持续赋能。

（1）全员安全意识的宣贯

①全员数据安全意识的普及；

②规范数据保护理念与行为；

③营造数据安全氛围与生态。

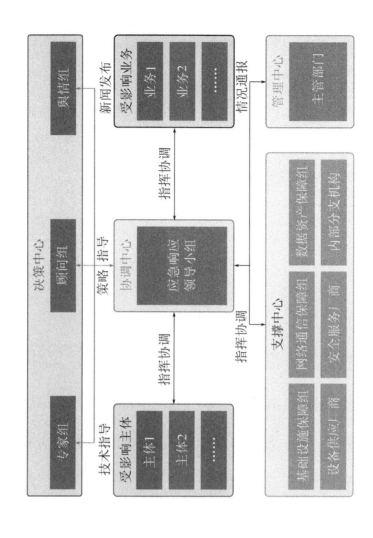

图 3-14　数据安全应急处置

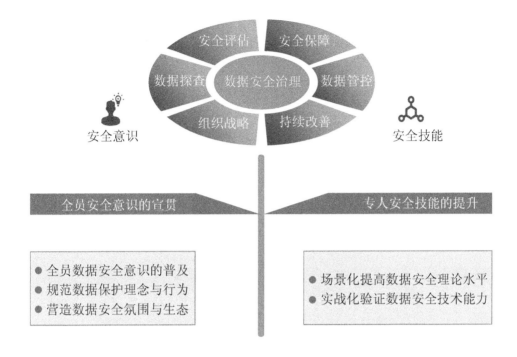

图 3-15　数据安全教育培训

（2）专人安全技能的提升

①场景化提高数据安全理论水平；

②实战化验证数据安全技术能力。

3）数据安全测评认证

综合交通运输应建立明确的测评认证机制，并周期性开展测评认证工作，引导组织在数据安全实践中强基础、抓重点、补短板，迭代优化数据安全治理体系，持续提高数据安全保障能力。

参与经批准的数据安全测评认证，能够帮助组织全方位验证数据安全保障水平，助力组织在业务运营中形成竞争优势，同时也是组织获得数据安全合规实践证明的权威途径。

(1) 数据安全能力成熟度评估

数据安全能力成熟度评估（Data Security Capability Maturity Mode，DSMM）的依据为《信息安全技术 数据安全能力成熟度模型》（GB/T 37988—2019），适用于对组织数据安全能力进行评估，也可作为组织开展数据安全能力建设时的依据。数据安全能力成熟度评估见图3-16。

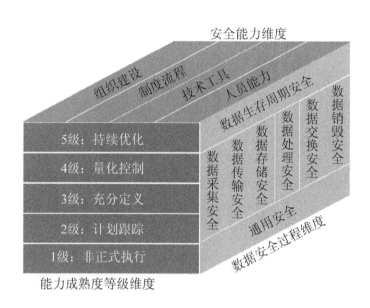

图3-16 数据安全能力成熟度评估

(2) 数据安全管理认证

数据安全管理认证（Data Security Management，DSM）的依据为《信息安全技术 网络数据处理安全要求》（GB/T 41479—2022），适用于网络运营者规范网络数据处理，以及监管部门、第三方评估机构对网络数据处理进行监督管理和评估。数据安全管理认证见图3-17。

数据处理安全总体要求	数据识别
	分类分级
	风险防控
	审计追溯
数据处理安全技术要求	通用
	收集
	存储
	使用
	加工
	传输
	提供
	公开
	私人信息和可转发信息的处理方式
	个人信息查阅、更正、删除及用户账号注销
	投诉、举报受理处置
	访问控制与审计
	数据删除和匿名化处理
数据处理安全管理要求	数据安全责任人
	人力资源保障与考核
	事件应急处置
突发公共卫生事件个人信息保护要求	个人信息服务协议
	个人信息收集
	个人信息调用
	人脸识别验证
	信息查阅服务
	公开、向他人提供个人信息及改变个人信息用途
	应对工作结束后的个人信息处理
	日志留存

图 3-17　数据安全管理认证

3.2 综合交通运输数据安全治理实施路径

3.2.1 分步建设、持续迭代

综合交通运输数据安全治理不能一蹴而就，需秉承分步建设、持续迭代原则，包括洞悉现状、合理防护、巩固成效、迭代优化等4个阶段，覆盖综合交通运输数据安全治理最佳实践的组织战略、数据探查、安全评估、安全保障、数据管控和持续改善等6个过程，见图3-18。

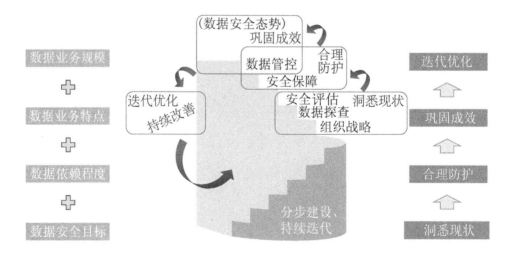

图 3-18 分步建设、持续迭代实施路径

1）洞悉现状

通过组织战略、数据探查、安全评估，快速洞悉组织业务、数据和安全现状，识别数据处理活动存在的安全隐患和合规问题，明确数据安全治理工作重点方向。

2）合理防护

利用数据安全制度兜底、盘活现有安全资源，引导安全资源的精准投放和优化配置，按需构建数据安全支撑能力。

3）巩固成效

立足全局视角，构建以数据为中心的数据安全态势感知能力，并快速有效协同联动响应。

4）迭代优化

周期性开展测评认证，迭代优化数据安全治理体系，持续提高数据安全保障能力。

3.2.2 以简御繁、灵活定制

数据安全治理的宗旨是在平衡安全、效率与资源的基础上，保障数据安全，并不追求体系的大而全。综合交通运输数据安全治理框架的核心优势是"以简御繁"，旨在明确数据安全治理工作的内在逻辑，以简御繁、灵活定制实施路径见图3-19。

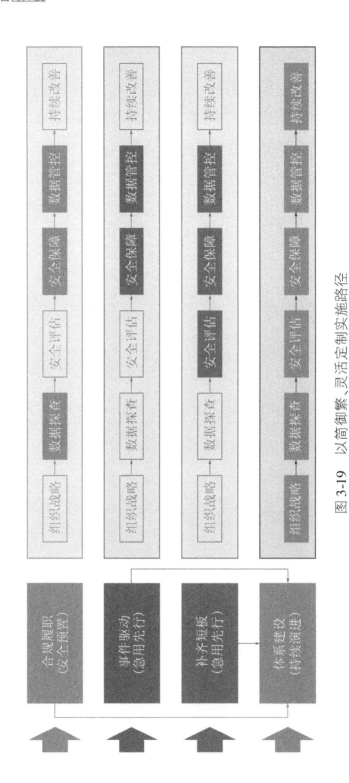

图 3-19 以简御繁、灵活定制实施路径

在实践中，组织需要匹配自身的数据安全愿景和资源基础，灵活裁剪过程，确定最高效的数据安全治理落地模式。例如，对于合规履职的组织而言，适用"安全预置"原则开展安全建设，防患于未然；对于事件驱动的组织来说，可以采取"急用先行"的原则，优先做好安全保障和数据管控；对于已有一定数据安全建设基础的组织单位而言，则应优先补齐短板，做好安全评估、安全保障和数据管控；在"安全预置"或"急用先行"的基础上，按需开展持续演进的体系化建设。

第4章
Chapter 4

综合交通运输数据安全落地关键任务

当前综合交通运输数据安全主要风险体现在"多法并轨下制度规范有待健全、海量的数据尚未全面动态掌握、传统安全评估不适用数据安全、已有措施不足以持续保障数据状态、人才队伍缺乏正掣肘数据安全工作"等5个方面,同时《交通运输部网络安全管理办法》第46条明确"各单位应建立并落实覆盖数据全生命周期的安全保护制度,实行数据分类分级管理,强化重要数据和个人信息保护,不断完善数据安全保障措施",结合本《报告》第3章内容,当前可优先考虑制定数据安全制度规范、开展数据资产探查、组织数据安全评估、完善数据管控措施、做好人才队伍建设等5个关键任务,开展综合交通运输数据安全的具体实践落地。

4.1 制定数据安全制度规范

《中华人民共和国数据安全法》明确规定"国家机关应当依照法律、行政法规的规定,建立健全数据安全管理制度,落实数据安全保护责任,保障政务数据安全。"

在数据安全管理制度方面,参考本《报告》第3章内容,一方面,应编制交通运输行业数据相关管理办法,如数据安全管理办法、数据分类分级管理办法、数据安全合规性评估管理办法等。另一方面，应编制省级/市级交通运输行业数据共享管理细则和数据分类分级细则。"数据共享管理细则"规定各类业务活动产生的数据资源存储的手段和方法，规定各级数据资源目录体系建设原则、同步流程和方法，规定数据资源质量管理的基本原则、框架、要求，明确数据共享流程、方法和职责；"数据分类分级细则"规定适用于本省交通运输行业提出不同类型、不同数据等级的数据共享要求，为本省不同类型数据共享策略的制定提供支撑。

在数据安全标准规范方面，参考本《报告》第 3 章内容，内容应包括基础共性、关键技术、安全管理和重点领域等 4 类标准规范，见图 4-1。其中，基础共性标准包括术语定义、数据安全框架、数据分类分级等，为交通运输行业数据安全各类标准提供基础支撑；关键技术标准从数据收集、存储、传输、使用与加工、提供与公开等数据处理活动维度，对交通运输行业数据安全关键技术进行规范；安全管理标准包括数据安全规范、数据安全评估、监测预警与处置、应急响应与灾难备份、安全能力认证等，对交通运输行业数据安全管理要求进行规范；重点领域标准主要是在综合交通运输数据大脑等重点业务领域进行布局，并结合交通运输行业发展情况，逐步覆盖建设、管理、养护、运行等其他重点业务领域。

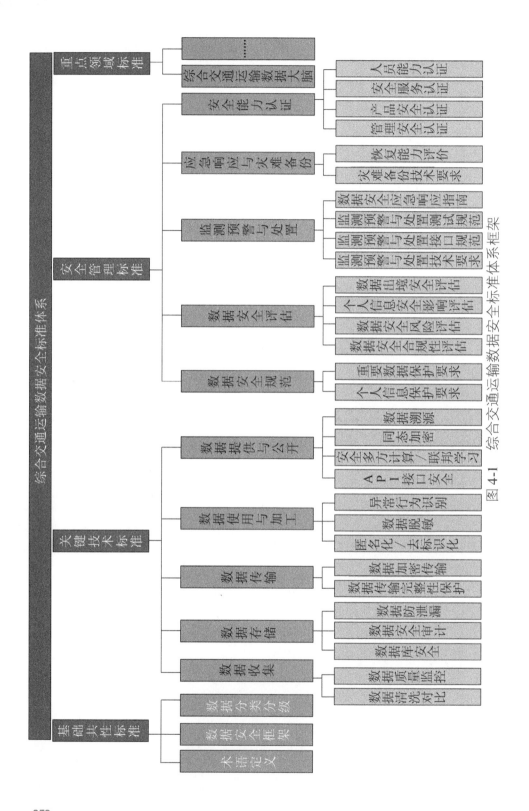

图 4-1 综合交通运输数据安全标准体系框架

4.2 开展数据资产探查

《中华人民共和国数据安全法》明确规定，国家建立数据分类分级保护制度，根据数据在经济社会发展中的重要程度，以及一旦遭到篡改、破坏、泄露或者非法获取、非法利用，对国家安全、公共利益或者个人、组织合法权益造成的危害程度，对数据实行分类分级保护。开展数据分类分级保护工作时，首先需要对数据进行分类和分级，然后对不同类别不同级别的数据建立相应的全流程数据安全保护措施。《交通运输政务数据共享管理办法》（交科技发〔2021〕33号）、《交通运输政务信息资源目录编指南（试行）》（交办科技〔2017〕123号）、《公路水路交通运输数据分类分级指南》（交科技函〔2022〕44号）确立了以统一的信息资源目录为索引的交通运输数据资源分类分级体系。然而如何高效开展交通运输数据资产探查（分类分级），成为综合交通运输关注的重点。

参考本《报告》第3章内容，数据探查依据《交通运输政务信息资源目录编指南（试行）》（交办科技〔2017〕123号）、《公路水路交通运输数据分类分级指南》（交科技函〔2022〕44号），通过自动化工具和人工结合的方式对约定的业务系统开展数据分类分级工作，最后输出数据梳理识别情况表、重要数据识别情况汇总表、交通运输政务数据资源目录、交通运输重要数据目录以及数据安全分布视图，见图4-2。

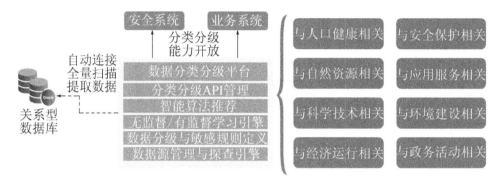

图4-2 综合交通运输的数据分类分级

4.3 组织数据安全评估

《中华人民共和国数据安全法》明确规定："重要数据的处理者应当按照规定对其数据处理活动定期开展风险评估，并向有关主管部门报送风险评估报告。"综合交通运输业务和海量数据的复杂性，使得进行全面的数据安全能力评估和风险分析，然后输出数据风险报告/整改方案，是非常有必要的。《网络数据安全管理条例（征求意见稿）》依据明确了8项年度数据安全评估报告的情节。

参考本《报告》第3章内容，评估应考虑评估管理差距（含评估组织建设情况、调研保障制度、调研数据分类分级情况、评估数据安全审查制度、评估应急处置机制、调研数据安全教育培训机制）、评估数据活动风险（含评估数据收集风险、评估数据存储风险、评估数据使用风险、评估数据加工风险、评估数据传输风险、评估数据提供风险、评估数据公开风险)、输出数据风险报告/整改方案等落地内容。

4.4 完善数据管控措施

《中华人民共和国数据安全法》明确规定"数据处理，包括数据的收集、存储、使用、加工、传输、提供、公开等。数据安全，是指通过采取必要措施，确保数据处于有效保护和合法利用的状态，以及具备保障持续安全状态的能力"。综合交通运输业务的复杂性，使其收集、存储、使用、加工、传输、提供、公开等数据处理活动面临众多数据安全风险。以《数字交通"十四五"发展规划》（交规划发〔2021〕102号）第一项主要任务打造综合交通运输"数据大脑"为例，如何保障数据大脑中部署的已建、在建、待建业务系统及数据安全，一直是综合交通运输的热点话题，亟待设计一套具备完整性、可行性和可操作性的落地方案。

参考本《报告》第3章内容，考虑到数据大脑的平台基础架构、数据资源体系部署在已有交通运输行业云平台上，在物理环节、区域边界、通信网络、计算环境、安全管理中心等方面已符合等级保护的基础网络安全要求，因此，在具体落地实践中会优先复用行业云平台上的基础网络安全防护条件，然后详尽分析数据处理活动可能面临的数据安全风险，最终设计出数据大脑数据安全管控专项解决方案和技术措施，见图4-3。例如，数据汇聚与共享活动可

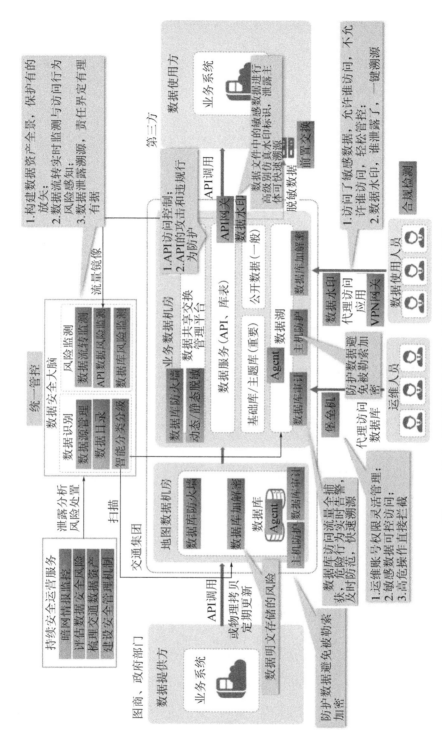

图 4-3 综合交通运数据大脑的数据管控措施

能面临相关数据会被不同业务系统、不同应用主体异常调用与访问的风险，因此有必要匹配具备数据流转风险监测、敏感数据访问控制、数据泄露溯源等技术措施。

4.5 做好人才队伍建设

《中华人民共和国数据安全法》明确规定："国家支持教育、科研机构和企业等开展数据开发利用技术和数据安全相关教育和培训，采取多种方式培养数据开发利用技术和数据安全专业人才，促进人才交流。"交通运输行业多数省份网络与数据安全专职人员极少，基本由科技信息化人员兼职负责网络与数据安全，满足安全保护要求变得越来越困难。

参考本《报告》第3章内容，应考虑以交通运输厅/局为指导单位，整合交通运输行业企事业单位（如自身信息化技术支撑单位、交通职业技术院校）的行业业务理解能力和数据安全专业厂商的专业技术能力，联合设立"交通运输数据安全高技能人才队伍研究院"（以下简称"研究院"），服务于交通运输行业数据安全人才队伍建设，造就一支素质优良的知识型、技能型、创新型交通运输行业数据安全劳动者大军。研究院可面向交通运输领域干部队伍和科技信息化相关人员，培养不同类型不同层次人才梯队，掌握攻防渗透测试、安全运维管理、安全策略设计与调优、安全事件分析与应急响应等数据安全关键技能，实现"平时备战-实战防护-事后总结"良性生态；同时，充分结合当前数据安全技术以及交通运输行业典型应用，使用主流数据安全设备，真正模拟实现"真实项目、真实设备、真实岗位、真实场景、真实环境"实践实训，提升队伍数据安全真实事件处置技能，保证研究院实践实训过程与交通运输行业真实工作环境最大化接近。

第5章
Chapter 5

行业数据安全典型实践

5.1 交通运输部典型实践

5.1.1 背景

2016年8月,《交通运输部办公厅关于推进交通运输行业数据资源开放共享的实施意见》(交办科技〔2016〕113号)提出"充分挖掘交通运输行业数据资源价值""遵循以目录管理数据资产、以共享促进数据融合、以开放实现数据增值的总体思路"。《交通运输政务信息资源目录编指南(试行)》(交办科技〔2017〕123号)和《公路水路交通运输数据分类分级指南》(交科技函〔2022〕44号),明确了"以行业协同性、综合性业务需求为重点,梳理行业数据资源,制定数据资源共享目录""建立健全目录定期更新发布机制"。交通运输部按年度组织省/市地方交通运输主管部门全面开展数据资源调查,发布交通运输政务信息资源目录,形成行业数据资源"总账本",成为各部门提出共享需求、开展数据资源共享的基本依据。

5.1.2 方案与实践

2016年12月,交通运输部发布《部署交通运输大数据应用中心相关工作的通知》（交科技函〔2016〕625号），委托交通运输部科学研究院（以下简称"交科院"）承担部综合交通运输大数据应用中心工作任务，具体承担综合交通运输大数据政策标准研究、数据资源目录编制和维护等工作内容。

交科院自2017年起，已连续5年整理并发布《交通运输政务信息资源目录》（图5-1），其政务信息资源目录已超过7000余项。同时通过信息资源目录开展行业内数据资源共享需求征集，交通运输部依据需求紧迫程度分批下发《交通运输政务信息资源共享责任清单（第一批）》（交办科技函〔2018〕832号）、《交通运输政务信息资源共享责任清单（第二批）》（交办科技函〔2019〕1102号），稳步推进数据资源汇聚。当前，依托信息资源目录，已实现881项、6.9亿条的数据接入部级共享交换平台，提供共享服务8000余万次，交换数据20TB，也与公安部、教育部、农业农村部等10余个部委的数据实现共享。

图5-1 《交通运输政务信息资源目录》（2020版）

5.2 交通运输厅（局）典型实践

5.2.1 背景

《交通运输部网络安全管理办法》第 49 条明确"运行单位履行数据安全保护义务，落实数据安全管理责任，采用身份鉴别、访问控制、安全审计等关键技术措施""切实保护重要数据全生命周期安全"。2022 年 9 月，交通运输部路网监测与应急处置中心编制的《高速公路联网收费系统优化升级工程总体方案（送审稿）》提出，提升全网数据安全防护水平，建设省中心数据安全管控能力，特别具备数据使用安全控制、数据流转安全控制等功能。

5.2.2 方案与实践

1）基于身份鉴别的数据使用安全控制

省中心内部部门数据运维人员及外部开发单位人员对数据库/数仓操作时，传统的堡垒机只能做到录屏审计，且权限管控只能管理到对数据的增删改查，不能对数据具体内容进行控制。

通过部署数据安全访问代理网关，实现细粒度的访问策略与用户身份权限的关联。既能够实时对流量进行识别并匹配数据的分级管控标签，对流经数据安全代理访问网关的数据资产进行发现与扫描，为数据细粒度管控做数据识别准备；又能够对访问数据库/数仓的访问行为进行保护策略，将访问权限细粒度地控制到允许被访问的库/表/字段级别，发现敏感数据异常调用、异常访问行为等。另外，可根据访问主体的环境、时间等属性，灵活进行权限的放大与缩小，也可进行临时权限授权，增强数据访问控制的颗粒度与灵活性，见图5-2。

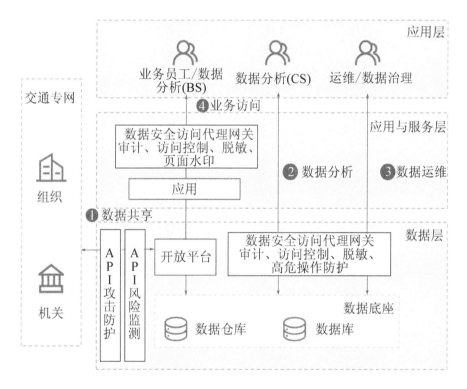

图 5-2 数据使用与流转安全控制逻辑架构

2）基于访问控制的数据流转安全控制

省中心内部部门数据运维人员及外部开发单位人员对数据调用

时，过去的权限管控只能管理到应用/API的注册，但不能对API的具体参数进行控制。

通过部署数据安全API代理网关，实现将访问权限细粒度地控制到允许被访问的API及API调用参数级别，能够保护对外开放和对内共享的API服务，既能够扫描爬取行为并监测API的数据泄露风险，依据用户、接口、数据权限及风险等级，实施不同的事件响应措施并提供API流动风险可视能力，对API本身脆弱性进行发现和告警并提供相关处置建议；又能够通过多属性策略将API、用户、系统、行为实施权限策略，实现API数据的访问行为控制、危险操作阻断、临时授权等。

5.3 交通投资集团典型实践

5.3.1 背景

随着云计算、移动互联网、工业4.0等技术的高速发展和广泛应用，交通投资集团的数字化转型持续加速。一方面，促使业务环境发生巨变，例如网络边界逐渐模糊、终端类型越发丰富、用户角色趋于多样、业务形态日渐复杂等。另一方面，数据安全形势日益严峻，呈现"内忧外患"的态势：从外部视角看，0-Day漏洞、社会工程攻击、APT、勒索攻击、供应链攻击等新型数据攻击手段层出不穷，越发专业化、隐蔽化；从内部视角看，拥有合法权限的内部人员违规访问和窃取数据的行为越发普遍，防不胜防。

交通投资集团将对数据的访问和使用可以分为两条路径，即"人—应用（数据）"以及"应用—应用（数据）"。在这两条路径上，组织面临四个层面的典型问题（图5-3）：一是组织的数据与业务不再封闭，通过互联网或广域网对外开放，导致攻击暴露面变大，通过联网终端泄密数据更容易；二是传统安全思路对内部默认信任，管控较松，容易出现内部人员滥用权限违规访问数据的情况，而一机双网、个人设备（BYOD）接入等情况，进一步加剧数据在内部泄露风险；三是随着微服务、数据中台等业务的开展，数据中心应用之间的交互越发频繁，数据极易通过 API 进行违规传递，而且数据中心内部的东西向流量基本畅通无阻，给勒索病毒的扩散传播带来便利；四是随着业务演进，数据在不同组织间的流转日益频繁，是否涉及未授权的高价值数据，出现问题后能否进行有效阻断及溯源，压力与挑战并存。如何有效保障交通投资集团业务中数据访问的安全可控，成为业界关注的重点。

5.3.2　方案与实践

数据安全的关键控制点之一就是信任，基于网络位置来评估信任与否的传统安全防御体系，难以适应交通投资集团数字化转型，需要采用创新的思路建立信任，保护用户的数据和业务。具体来说，需要将"管理平台""安全组件"和"安全服务"有机整合，灵活快速实现多场景下端到端的管控能力，构建数字化安全风险分析和管理能力，以及开放包容的共生生态，最终匹配数字化转型中持续变化的安全需求。融合"管理平台"+"安全组件"+"安全服务"的零信任逻辑架构，如图5-4所示。

（1）通过统一管理平台，打通端到端身份信息，实现全局风险研判与信任评估。

管理平台部分可以进一步细分为"零信任分析中心"和"零信任控制中心"。"零信任分析中心"通过多维度获取的信息进行信任的评估，除了自身的分析模型与算法组件，还通过开放API与第三方分析系统进行对接，实现对访问行为和风险的持续评估；"零信任控制中心"实现身份管理，以及根据分析中心的评估结果，生成动态的访问控制策略，向分散各处的、各种类型的安全组件进行下发，统筹全局的访问控制。

（2）通过丰富的安全组件，匹配用户端到端数据访问控制的场景需求。

安全组件接收和执行管理平台的访问控制策略，其组成、形态、部署位置、功能选择等，可以随业务管控实际需求而定：

①零信任一体化安全客户端，是零信任架构的重要组成部分，整合安全基线核查、病毒与漏洞防护、网络安全接入、数据泄露防护等多种安全能力。

第5章 行业数据安全典型实践

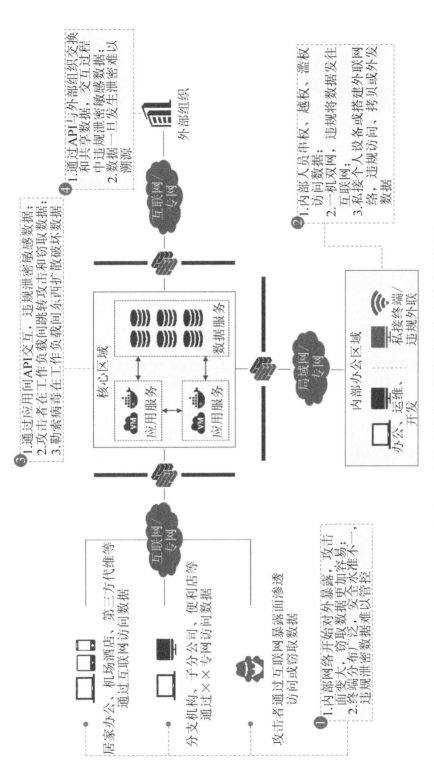

图 5-3 交通投资集团面临数据安全的典型问题

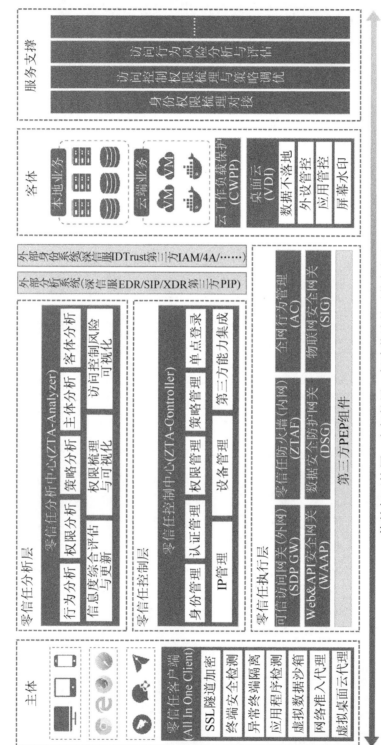

图 5-4　交通投资集团零信任逻辑架构

②匹配不同业务场景的各类安全网关，包括外网访问、内网访问、数据中心服务间访问、物理网访问等。

③通过开放 API 接口实现异构厂商安全组件的按需灵活对接。

（3）通过融合专业安全服务，支撑零信任架构落地，保障安全效果，兑现安全承诺。

零信任不是"交钥匙工程"，系统和设备的堆砌无法达成既定目标，应该结合安全专家知识与云端分析能力，提供线上或线下多样化的安全服务（如账户与访问权限梳理、业务访问路径梳理、访问控制策略优化、风险分析与处置等），实现安全威胁的快速识别与处置。

（4）通过"管理平台"+"安全组件"+"安全服务"的体系，最终构筑贯穿用户、终端、应用、连接、权限、数据，构筑端到端的信任体系。

完善的零信任系统，应尽可能覆盖端到端业务运行流程，考虑如何在用户、设备、应用、连接、权限和数据等多个环节，落地"什么值得信任"这个关键的问题，核心功能包括：

①通过多维度的终端环境检查，确保访问数据的终端设备安全合规。

②通过跨场景全局统一身份管理与多因素认证，保证访问数据的用户身份合法。

③通过精细化权限控制，对数据访问进行细粒度授权，防止越权、串权、滥权访问。

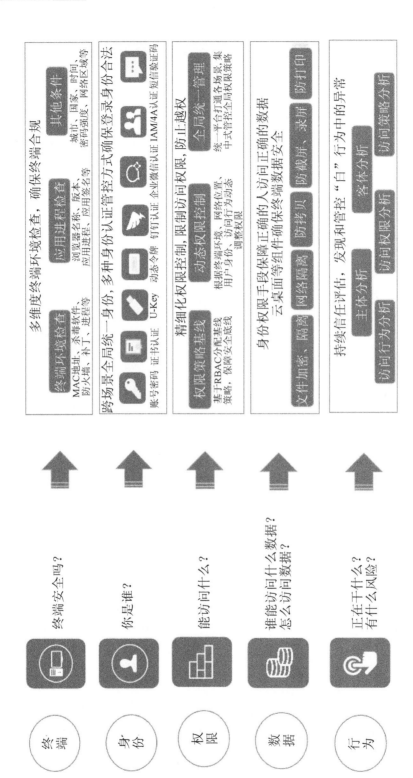

图 5-5 交通投资集团零信任端到端业务运行流程

④根据数据重要程度和密级程度的不同,通过云桌面、终端数据沙箱、网络隔离、数据访问行为审计等技术手段,实现差异化数据泄密防护,保障数据安全。

⑤通过持续信任评估,发现数据访问过程的异常行为,进而生成动态访问控制策略。

交通投资集团零信任端到端业务运行流程见图5-5。

5.4 数字政府典型实践

5.4.1 背景

随着数字化转型加速,"数字政府"改革已进入深水区,国务院办公厅《关于印发政务信息系统整合共享实施方案的通知》(国办发〔2017〕39号文)要求,加快推进政务信息系统整合共享,加强政务信息资源采集、共享、使用的安全保障工作,加强统一数据共享交换平台安全防护,切实保障政务信息资源共享交换的数据安全。某市自成为"数字政府"综合改革试点城市以来,就将政务网络和数据安全作为关乎数字政府改革成败的关键,针对集约化建设和一体化技术支撑平台对安全防护提出的更高要求,从制度先行、制定标准、夯实防护技术保障等方面着手,筑牢安全防护基础,有效保障政务数据的安全。

5.4.2 方案与实践

政务数据安全治理体系的规划与实施，显著提升了政务信息资源共享交换的数据安全保障能力，基本实现了以数据安全法律法规为基础，以政务数据为中心，融合技术、管理和运营的数据安全治理模式，确保政务数据持续处于有效保护、合法利用状态，保障政务数据共享开放释放价值。

可知：落实数据分类分级，对数据进行自动化、智能化、动静结合的探查与梳理，生成敏感数据分布地图以及多维度涉敏信息集合，大大提升用户对重要数据的全局掌控力度。

可视：基于大数据、机器学习、UEBA 等技术构建数据安全访问模型，直观呈现数据流转过程的全景路径，研判潜在的风险隐患，及时进行通报预警。

可控：以数据为中心，结合数据分类分级结果，实现精细化的身份管理、权限管控、数据库管控、数据防泄露等系列技术栈，构筑立体化数据安全防护体系，"进不来、拿不走、看不懂、抓得住"，保障数据共享交换生命周期的安全可控。

可溯：以 AI 和大数据分析技术为核心的 STP 可疑第三方检测模型，不在原始数据中嵌入任何标记，不破坏原始数据，快速有效定位数据泄露源头，数据安全事件定责有据。

1）数据资产探查与敏感数据梳理（图 5-6），数据全景心中有数

基于网络扫描发现和识别数据资产，采用定时任务自动发现分

布在 Oracle、SQL Server、MySQL、Hive 等数据库服务中的数据资产。通过定义数据源，连接大数据平台中的数据仓库/数据湖，对数据库的字段进行全量深度扫描，遍历整个数据库，自动梳理数据资产清单，包括数据库、实例、表、字段，结合人工审核校验，最终确定数据资产清单，并定期监测数据库字段变化，自动更新数据资产清单。

采用内置的算法读取字段内容、自动提取数据特征，利用基于语义语法的上下文识别引擎、机器学习的聚类算法模型和基于关键词的多维带权匹配识别算法，建立数据字段与数据分类分级之间的映射，实现智能数据分类分级。通过 AI 算法学习已标识数据特征模型，自动为字段关联数据标签，出现自动关联出错时可人工进行干预，从而提高自动关联的准确率。

平台提供对外的 Rest API 接口，数据共享平台以及数据安全产品均可以通过 API 接口引用或者调用数据分类分级的结果，并且通过全量同步结构化的数据，保证新同步的全量数据自动打标，满足业务部门和安全部门在不同场景下对数据分类分级的时效性要求，解决了人工分类错误率较高、数据量增长带来人力与时间成本线性增加的难题，为精细化的数据安全管控提供支撑。

根据国家、行业和地方标准及业务需求，利用内置数据识别规则及模型，智能识别敏感数据。

通过对数据、应用和 API 等进行智能数据采集和自动化梳理，形成数据资产分布、敏感数据资产清单、敏感数据流转视图和数据权责清单，同时实时采集业务动态访问过程中的数据流量，对流量进行智能分析，生成涉敏数据集、涉敏应用集、数据流转视图等，做到对数据全景与流转"心中有数"。

2）数据流转监测（图5-7），风险实时感知

采用大数据与UEBA用户行为分析技术，对用户数据访问流量建模，自动生成安全基线，基于安全基线以及异常行为特征模型对数据访问行为进行研判，实时感知风险并告警，如：数据越权使用、API异常调用、运维人员批量读取敏感数据等。

3）数据共享交换泄露溯源（图5-8），责任界定有理有据

以AI技术为核心的可疑第三方检测模型（STP）算法，对共享交换过程中可能泄露的数据进行追溯，利用事件同源分析、样本同源分析、多种关联分析等自动化分析技术，快速定位可能的泄露源头，提升追踪溯源的效率和能力。

采集政务数据共享服务接口的流量，实现对数据共享状态的实时监测和历史纪录。当数据泄露之后，管理员通过将泄露数据导入STP监测模型（图5-9），实现对泄露数据路径和时间的快速特征匹配和展示，辅助管理员实现泄露数据人员和机构的追溯和定责。

STP检测模型的工作方式：

（1）流量采集代理通过在数据共享服务服务器上安装流量采集Agent，实现对于数据共享流量的采集，采集之后将流量发送到流量解析探针。

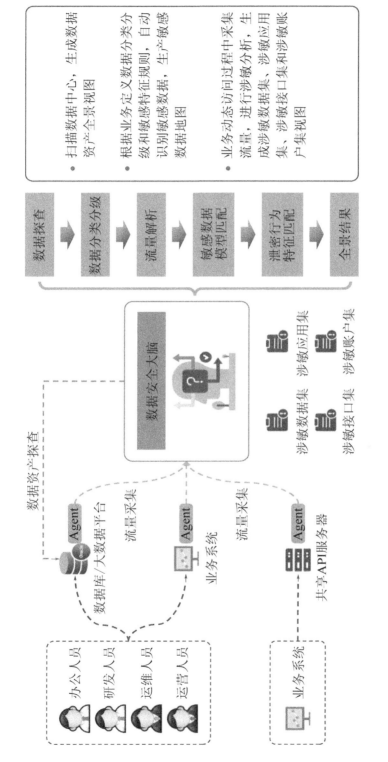

图 5-6 数据资产探查与敏感数据梳理逻辑

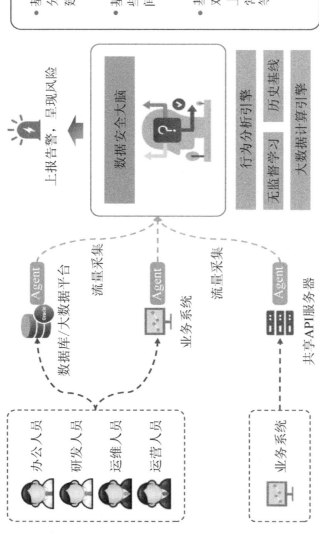

图 5-7 数据流转监测逻辑

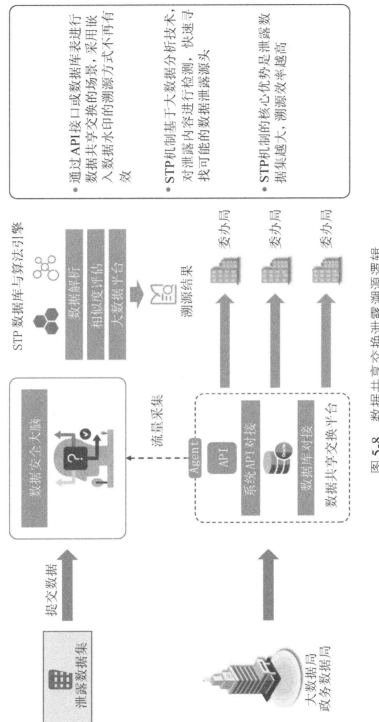

图 5-8 数据共享交换泄露溯源逻辑

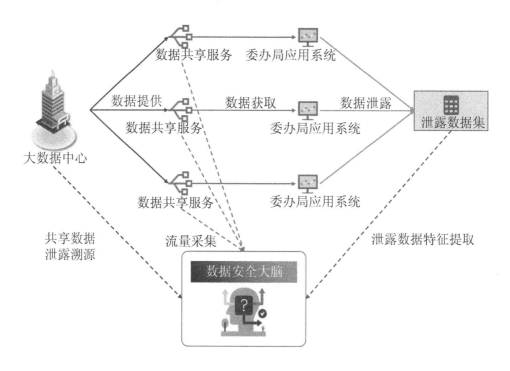

图 5-9　数据共享交换泄露溯源 STP 监测模型逻辑

（2）流量解析探针将流量采集代理发送过来的流量进行解析，将原始的数据访问流量根据数据访问应用的类型解析成流量访问日志，并将流量访问日志发送到流量日志存储组件进行存储。

（3）流量日志存储基于自主研发的大数据存储平台，将全量的数据访问日志进行安全、高效地存储，能够提供稳定的日志存储和高效的日志索引。

（4）泄露溯源分析模块基于 STP 检测模型（即可疑第三方检测模型），将泄露的数据进行特征提取，并将提取的特征在存储的全量数据访问日志中通过高效的算法进行检索，获取到可疑的数据泄露路径和泄露时间，快速定位数据泄露的机构和人员。

4）数据安全态势，全方位掌控

从数据资产、数据访问两种视角出发，对异常状态、异常行为进行监测预警，全面展示数据资产分布、数据流转可视、安全风险监测、异常行为分析、数据泄露溯源等，从而全方位掌控数据安全态势。

5.5 金融行业典型实践

5.5.1 背景

金融行业在国民经济运行中扮演着极为关键的角色并发挥着基础支撑作用，近年来，数字经济的快速发展，与之相关的信息网络安全问题愈加受到业界关注，尤其以数据安全与应用安全的问题更加突出。根据 Verizon 发布的《2021 年数据泄露调查报告》，杂项错误（Miscellaneous Errors）、基本网络应用攻击（Basic Web Application Attacks）和社会工程（Social Engineering）这三种攻击模式占据了 2021 年金融服务和保险行业数据泄露事件的 81%，造成的数据泄露中 83% 为个人信息泄露，33% 为银行信息泄露 32% 为凭证信息泄露；金融获益是网络攻击最常见的动机，占比高达 96%。

数据成为金融行业新一代信息安全防护的关键。围绕着金融机构的数据安全，出现了一系列新安全场景。同时，数据作为连接安全和业务场景的桥梁,很多应用安全的风险及应对方式都是基于数据分析和处理的。因此,数据驱动安全成为新时期金融网络安全的核心。

5.5.2 方案与实践

国家和金融监管部门持续加强金融行业的数据安全监管,制定和发布了数据治理、个人隐私保护、金融数据安全分级等多个行业标准规范,从数据安全制度保障落地方面,给综合交通运输提供了可参考落地的指引。

2018年5月,银保监会发布《银行业金融机构数据治理指引》,要求建立数据安全策略与标准,依法合规采集、应用数据,依法保护客户隐私,划分数据安全等级,明确访问和拷贝等权限,监控访问和拷贝等行为,完善数据安全技术,定期审计数据安全。2018年9月至2021年11月,中国证券监督管理委员会、中国人民银行等陆续发布《证券期货业数据分类分级指引》(JR/T 0158—2018)、《个人金融信息保护技术规范》(JR/T 0171—2020)、《金融数据安全 数据安全分级指南》(JR/T 0197—2020)、《多方安全计算金融应用技术规范》(JR/T 0196—2020)、《金融业数据能力建设指引》(JR/T 0218—2020)、《金融数据安全 数据生命周期安全规范》(JR/T 0223—2021)、《金融数据安全 数据安全评估规范(征求意见稿)》。

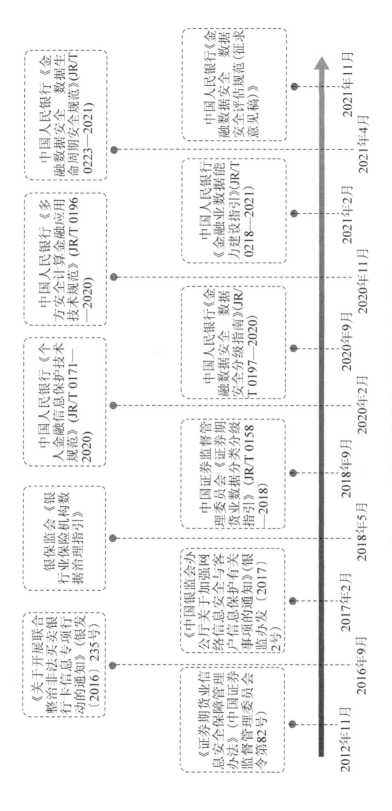

图 5-10 金融行业数据安全标准规范（部分摘选）

附录

APPX

附录 A 数据安全典型技术

《信息安全技术 网络数据处理安全要求》（GB/T 41479—2022）"4 数据处理安全总体要求"明确提出：网络运营者开展网络数据收集、存储、使用、加工、传输、提供、公开等数据处理处理活动中，应采取数据识别（含分类分级）、风险评估、风险监测、加密、脱敏、备份、访问控制、审计等技术。因此，本《报告》以枚举法列举了上述相关数据安全典型技术，以供参考，见附表1。

数据安全典型技术（部分摘选） 附表1

适用阶段	数据安全典型技术（部分摘选）
数据探查	（数据识别含分类分级） 1. 正则表达式：旨在抽取数据库中部分数据做正则匹配，判断对应的字段的内容是哪种数据类型。 2. 神经网络深度学习技术：旨在通过大量的数据参与训练，持续不断地积累神经网络数据的样本和特征，积累成数据特征集。一方面，旨在从文本中抽取命名实体，比如人名、地名、机构名等通用实体。另一方面，旨在提取数据分布特征，比如字符分布特征、长度分布特征、包含对应特殊字符数据占比、纯数字数据长度占比、含有固定字或者词数据占比等数据特征
安全评估	（风险评估） 数据处理活动安全探测技术：探测收集数据处理活动中各活动要素的安全现状，评估数据处理活动安全性风险，如安全漏洞扫描技术、账号权限探测技术、数据暴露检测技术、数据流向探测技术等
数据管控	1. 加解密：加密旨在通过加密算法和加密密钥将明文转变为密文；解密旨在通过解密算法和解密密钥将密文恢复为明文。

续上表

适用阶段	数据安全典型技术（部分摘选）
数据管控	2. 脱敏：旨在从原始环境向目标环境进行敏感数据交换的过程中，通过一定方法消除原始环境数据中的敏感信息，保留目标环境业务所需的数据特征或内容的数据处理过程。主要包括动态脱敏技术、静态脱敏技术、隐私保护技术等。 3. 备份：旨在防止系统出现操作失误或系统故障导致数据丢失，而将全部或部分数据集合从应用主机的硬盘或阵列复制到其他的存储介质的过程。主要包括磁盘克隆技术、RAID 技术、远程镜像技术、快照技术、基于 IP 的网络存储技术、虚拟存储技术、异地灾备技术等。 4. 访问控制：旨在限制访问主体对客体的访问，从而保障数据资源在合法范围内得以有效使用和管理。主要包括网络访问控制技术、权限管理控制技术、风险操作控制技术、数据访问控制技术、零信任技术等。 5. 审计：旨在对数据平台的日常服务和运维开展安全审计，验证安全审计是否具有自动分析和报警功能的行为。主要包括主机安全审计技术、数据库安全审计技术、日志审计技术等。 6. 风险监测：旨在从多个维度抽取数据，进行关联、分析，形成风险判断和违规告警，并对风险趋势进行预测，发布数据安全风险预警。主要包括数据泄露防护技术、数据共享监控技术、威胁检测技术、流量监测技术等

附录 B　近似概念联系与区别

B.1　数据安全治理与数据治理

数据安全治理与数据治理两个概念在字面上十分相似，但实际含义却完全不同，经常被混淆。在国内的实践和探索中，数据治理、数据安全治理遵循不同的国家标准，对应不同的模型。

数据治理，遵循《数据管理能力成熟度评估模型》《GB/T 36073—2018》，对应 DCMM 模型（DCMM，Data Management Capability Maturity Assessment Model）。

数据安全治理，遵循《信息安全技术 数据安全能力成熟度模型》（GB/T 37988—2019），对应 DSMM 模型。

数据治理：是指导数据管理领域的活动。数据治理的目的是根据数据管理制度和最佳实践高效地管理数据。数据治理的本质是利用数据驱动业务，从而获得增值。数据治理聚焦于如何制定有关数据的决策，以及人员和流程在数据方面的行为方式。著名的数据治理框架包括国际数据治理研究所的 DGI 框架（DGI，Data Governance Institute）（附图 1）、国际数据管理协会（DAMA，Data Management Association）的车轮图（附图 2）。数据治理聚焦数据和业务，并非专注于安全。

数据安全治理：是指导并专注于数据安全的活动。最著名的数据安全治理框架是国际咨询机构 Gartner 发布的 DSG 框架（Data Security Governance）。Gartner 认为数据安全不是简单的工具堆叠，而是自上而下贯穿整个组织架构的完整链条。组织内的各个层级之间需要对数据安全治理的目标和宗旨取得共识，确保采取合理和适当的措施，以最有效的方式保护信息资源。DSG 框架为数据安全治理提供了科学的方法论，自顶向下依次从五个层面开展和执行。

附录

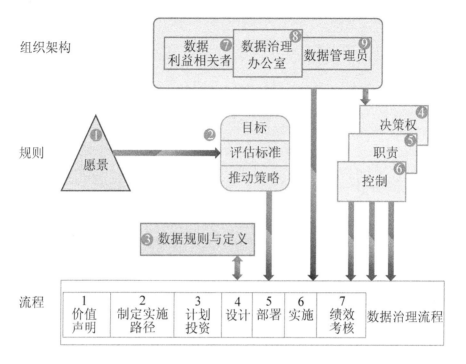

附图 1　国际数据治理研究所的 DGI 框架

附图 2　国际数据管理协会的车轮图

第 1 步：平衡业务需求与风险。综合分析组织经营战略、治理策略、合规要求、IT 战略和风险容忍度，制定符合业务发展与风险管控相平衡的数据安全治理策略。

第 2 步：梳理、识别数据资产，明确数据的优先级，管理数据的生存周期。

第 3 步：定义数据安全策略。依据数据的优先级，定义数据安全策略。

第 4 步：实施安全产品。部署产品、构建能力。

第 5 步：编排所有产品的策略。全面推广、协同联动。

B.2 数据安全与网络安全

广义层面，从总体国家安全观的视角出发，网络安全是整体的而不是割裂的，网络安全对国家安全牵一发而动全身。数字化发展演变重塑网络空间的同时，持续扩展网络安全的内涵。数据作为生产要素，战略地位日益凸显，数据安全是网络安全的重要内容。

狭义层面，从数据安全视角和数据安全建设理念来看，数据安全的发展演变总体上历经萌芽阶段、发展阶段和优化阶段（详见第 3 章）。通常情况下，网络安全基于网络攻防视角开展，重点保护数据载体；数据安全基于数据流转视角开展，重点保护数据本体。数据载体对应物理层，数据本体对应逻辑层，物理层支撑逻辑层、逻辑层依赖物理层，只有两者同时安全才安全。实践证明，逻辑层安全需要基于物理层安全，物理层失陷，逻辑层难以安全，类似于"皮之不存毛将焉附"。网络安全是数据安全的底座，已成为共识。

B.3 网络安全等级保护与关键信息基础设施安全保护

网络安全等级保护是国家网络安全保障的基本制度、基本策略和基本方法。网络安全等级保护是关键信息基础设施安全保护的基础，关键信息基础设施安全保护在网络安全等级保护的基础上，明确关键信息基础设施安全保护要求，切实加强关键信息基础设施安全保护。

附录C 近年来国内综合交通运输典型数据安全事件

C.1 中华人民共和国国家互联网信息办公室公布对某网约车平台公司的网络安全相关行政处罚 ❶

2022年7月，为防范国家数据安全风险，维护国家安全，保障公共利益，国家互联网信息办公室依据《中华人民共和国网络安全法》《中华人民共和国数据安全法》《中华人民共和国个人信息保护

---

❶ 中华人民共和国国家互联网信息办公室网，2022年7月21日。

法》《中华人民共和国行政处罚法》等法律法规,对某网约车平台公司处人民币80.26亿元罚款。该公司共存在16项违法事实,归纳起来主要是8个方面。一是违法收集用户手机相册中的截图信息1196.39万条;二是过度收集用户剪切板信息、应用列表信息83.23亿条;三是过度收集乘客人脸识别信息1.07亿条、年龄段信息5350.92万条、职业信息1633.56万条、亲情关系信息138.29万条、"家"和"公司"打车地址信息1.53亿条;四是过度收集乘客评价代驾服务时、App后台运行时、手机连接桔视记录仪设备时的精准位置(经纬度)信息1.67亿条;五是过度收集驾驶员学历信息14.29万条,以明文形式存储驾驶员身份证号信息5780.26万条;六是在未明确告知乘客情况下分析乘客出行意图信息539.76亿条、常驻城市信息15.38亿条、异地商务/异地旅游信息3.04亿条;七是在乘客使用顺风车服务时频繁索取无关的"电话权限";八是未准确、清晰说明用户设备信息等19项个人信息处理目的。

C.2 国家安全部公布三起危害重要数据安全案例

2021年10月31日,在《中华人民共和国反间谍法》颁布实施七周年,国家安全机关公布三起危害重要数据安全的案件[1],旨在进一步提高全社会对非传统安全的重视,共同维护国家安全。

---

[1] 《四川法治报》20211102期第04版:重案,2021年11月2日。

案例一　航空公司数据被网络攻击窃取

2020年1月,某航空公司向国家安全机关报告,该公司信息系统出现异常,怀疑遭到网络攻击。国家安全机关立即进行技术检查,确认相关信息系统遭到网络武器攻击,多台重要服务器和网络设备被植入特种木马程序,部分乘客出行记录等数据被窃取。国家安全机关经过进一步排查发现,另有多家航空公司信息系统遭到同一类型的网络攻击和数据窃取。经深入调查,确认相关攻击活动是由某境外间谍情报机关精心谋划、秘密实施的,攻击中利用了多个技术漏洞,并利用多个网络设备进行跳转,以隐匿踪迹。针对这一情况,国家安全机关及时协助有关航空公司全面清除被植入的特种木马程序,调整技术安全防范策略、强化防范措施,制止了危害的进一步扩大。

案例二　境外咨询调查公司窃取航运数据

2021年5月,国家安全机关工作发现,某境外咨询调查公司通过网络、电话等方式,频繁联系我国大型航运企业、代理服务公司的管理人员,以高额报酬聘请行业咨询专家之名,与我境内数十名人员建立"合作",指使其广泛搜集提供我航运基础数据、特定船只载物信息等。办案人员进一步调查掌握,相关境外咨询调查公司与所在国家间谍情报机关关系密切,承接了大量情报搜集和分析业务,通过我境内人员获得航运数据并提供给该国间谍情报机关。为防范相关危害持续发生,国家安全机关及时对有关境内人员进行警示教育,并责令所在公司加强内部人员管理和数据安全保护措施。

同时，依法对该境外咨询调查公司有关活动进行了查处。

案例三　架设气象观测设备采集传送数据

2021年3月，国家安全机关工作发现，国家某重要军事基地周边建有一可疑气象观测设备，具备采集精确位置信息和多类型气象数据的功能，所采集数据被直接传送至境外。经国家安全机关调查，有关气象观测设备由李某网上购买并私自架设，类似设备已向全国多地售出100余套，部分被架设在我重要区域周边，有关设备所采集数据被传送到境外某气象观测组织的网站。该境外气象观测组织实际上由某国政府部门以科研之名发起成立，而该部门的一项重要任务就是搜集分析全球气象数据信息，为其军方提供服务。国家安全机关会同有关部门联合开展执法，责令有关人员立即拆除设备，消除了风险隐患。

附录D　近年来国内数据安全政策文件汇编

D.1　法律法规（含法律解释）

国内数据安全法律法规（含法律解释）汇编见附表2。

国内数据安全法律法规（含法律解释）汇编　　附表2

序号	名　　称	实　施　时　间
法律法规			
1	《中华人民共和国消费者权益保护法》（2013年修订）	1994年01月01日
2	《中华人民共和国居民身份证法》（2011年修订）	2004年01月01日
3	《中华人民共和国治安管理处罚法》（2012年修订）	2006年03月01日
4	《中华人民共和国反洗钱法》	2007年01月01日
5	《中华人民共和国统计法》（2009年修订）	2010年01月01日
6	《中华人民共和国保守国家秘密法》	2010年10月01日
7	《中华人民共和国国家安全法》	2015年07月01日
8	《中华人民共和国广告法》（2021年修订）	2015年09月01日
9	《中华人民共和国网络安全法》	2017年06月01日
10	《中华人民共和国测绘法》（2017年修订）	2017年07月01日
11	《中华人民共和国电子商务法》	2019年01月01日
12	《中华人民共和国密码法》	2020年01月01日
13	《中华人民共和国基本医疗卫生与健康促进法》	2020年06月01日
14	《中华人民共和国未成年人保护法》（2020年修订）	2021年06月01日
15	《中华人民共和国数据安全法》	2021年09月01日
16	《中华人民共和国个人信息保护法》	2021年11月01日
法律解释			
17	《全国人民代表大会常务委员会关于维护互联网安全的决定》	2000年12月28日
18	《全国人民代表大会常务委员会关于加强网络信息保护的决定》	2012年12月28日
19	《最高人民法院关于审理名誉权案件若干问题的解释》	1998年09月15日
20	《最高人民法院、最高人民检察院关于办理危害计算机信息系统安全刑事案件应用法律若干问题的解释》	2011年09月01日

续上表

序号	名称	实施时间
法律解释		
21	《最高人民法院、最高人民检察院关于办理利用信息网络实施诽谤等刑事案件适用法律若干问题的解释》	2013年09月10日
22	《最高人民法院、最高人民检察院、公安部关于办理电信网络诈骗等刑事案件适用法律若干问题的意见》	2016年12月19日
23	《最高人民法院、最高人民检察院关于办理侵犯公民个人信息刑事案件适用法律若干问题的解释》	2017年06月01日
24	《最高人民法院、最高人民检察院关于办理非法利用信息网络、帮助信息网络犯罪活动等刑事案件适用法律若干问题的解释》	2019年11月01日
25	《最高人民法院关于审理利用信息网络侵害人身权益民事纠纷案件适用法律若干问题的规定》（2020年修订）	2021年01月01日
26	《最高人民法院、最高人民检察院、公安部关于办理电信网络诈骗等刑事案件适用法律若干问题的意见（二）》	2021年06月17日
27	《最高人民法院关于审理使用人脸识别技术处理个人信息相关民事案件适用法律若干问题的规定》	2021年08月01日

D.2 标准规范

国内数据安全标准规范汇编见附表3。

国内数据安全标准规范汇编　　　　　　　附表3

国家标准		
序号	标准编号	标准名称
1	GB/T 34978—2017	《信息安全技术　移动智能终端个人信息保护技术要求》

续上表

国家标准		
序号	标准编号	标准名称
2	GB/T 36073—2018	《数据管理能力成熟度评估模型》
3	GB/T 35274—2017	《信息安全技术 大数据服务安全能力要求》
4	GB/T 37932—2019	《信息安全技术 数据交易服务安全要求》
5	GB/T 37964—2019	《信息安全技术 个人信息去标识化指南》
6	GB/T 37973—2019	《信息安全技术 大数据安全管理指南》
7	GB/T 37988—2019	《信息安全技术 数据安全能力成熟度模型》
8	GB/T 35273—2020	《信息安全技术 个人信息安全规范》
9	GB/T 39335—2020	《信息安全技术 个人信息安全影响评估指南》
10	GB/T 39477—2020	《信息安全技术 政务信息共享 数据安全技术要求》
11	GB/T 39725—2020	《信息安全技术 健康医疗数据安全指南》
12	GB/T 41391—2022	《信息安全技术 移动互联网应用程序（App）收集个人信息基本要求》
13	GB/T 41479—2022	《信息安全技术 网络数据处理安全要求》
其他标准规范		
序号	标准编号	标准名称
1	JR/T 0158—2018	《证券期货业数据分类分级指引》
2	JR/T 0171—2020	《个人金融信息保护技术规范》
3	JR/T 0197—2020	《金融数据安全 数据安全分级指南》
4	JR/T 0223—2021	《金融数据安全 数据生命周期安全规范》
5	YD/T 3802—2020	《电信网和互联网数据安全通用要求》
6	YD/T 3806—2020	《电信大数据平台数据脱敏实施方法》
7	YD/T 3813—2020	《基础电信企业数据分类分级方法》
8	YD/T 3867—2021	《基础电信企业重要数据识别指南》
9	YD/T 3956—2021	《电信网和互联网数据安全评估规范》

续上表

其他标准规范		
序号	标准编号	标准名称
10	DB11/T 1918—2021	《政务数据分级与安全保护规范》
11	DB15/T 2199—2021	《数据交易安全技术要求》
12	DB3201/T 1040—2021	《政务数据安全管理指南》
13	DB33/T 2351—2021	《数字化改革 公共数据分类分级指南》
14	DB3301/T 0276—2018	《政务数据共享安全管理规范》
15	DB3301/T 0322.3—2020	《数据资源管理 第3部分：政务数据分类分级》
16	DB52/T 1123—2021	《政务数据 数据分类》
17	DB52/T 1540.6—2021	《政务数据 第6部分：安全技术规范》
18	T/GZBD 4—2020	《信息安全技术 政务数据脱敏指南》
19	T/GZBD 6—2020	《信息安全技术 政务信息资源安全分级指南》
20	T/ISC-0011—2021	《数据安全治理能力评估方法》
21	TC260-PG—20212A	《网络安全标准实践指南——网络数据分类分级指引》